中国科学院统计年鉴

STATISTICAL YEARBOOK OF CHINESE ACADEMY OF SCIENCES

2009

中国科学院计划财务局　编

Bureau of Planning and Finance
Chinese Academy of Sciences

科 学 出 版 社
北　京
Science Press, Beijing

中国科学院统计年鉴
STATISTICAL YEARBOOK OF
CHINESE ACADEMY OF SCIENCES
2009

中国科学院计划财务局 编

科学出版社 出版

北京东黄城根北街 16 号
邮政编码: 100717
http://www.sciencep.com

中国科学院印刷厂 印刷

科学出版社出版发行

*

2009 年 11 月第 一 版　　开本: 787×1092 1/16
2009 年 11 月第一次印刷　　印张: 19 1/2
印数: 1—700　　字数: 452 000

ISBN 978-7-03-025893-9

定价: 110.00 元

《中国科学院统计年鉴》(2009) 编委会和编辑人员

一、编委会

主　　编：李志刚

副 主 编：孔　力

编辑委员（以姓氏笔画为序）：

马　扬	孔　力	孔繁文	邓麦村
史美奇	吕永龙	李志刚	张丽萍
张树春	沈　华	沈幸华	苗　鸿
戚　强	崔胜先	潘　锋	

二、编辑部工作人员

总 编 辑：孔　力

副总编辑：崔胜先

责任编辑：刘晓东　李　宏

编辑人员（以姓氏笔画为序）：

王玲俐	王振宇	卢景秀	石　磊	刘　红
刘晓东	刘继昱	刘筱敏	毕金初	李　宏
李猛力	李　衡	杨兴宪	杨红梅	杨　鹏
张　洁	张　萌	周　鼐	金　明	金建辉
唐　炜	崔胜先	谢光锋	潘成利	

英文翻译和审校：徐　昂

Members of the Editorial Committee and Editorial Office of the *Statistical Yearbook of Chinese Academy of Sciences*

编者说明

一、《中国科学院统计年鉴》（2009）是一部全面反映中国科学院科技工作和各项事业发展的资料性年刊。本年鉴收录了全院及院属各单位2008年的统计数据以及历年全院主要统计数据。

二、本年鉴内容分为12个部分，即：学部，机构，人员，经费，基本建设，科技活动，人才培养与引进，专利、科技论文、获奖成果，院、所投资企业开发经营活动，院地合作，国际合作及与港、澳、台地区交流，文献情报、图书出版。主要统计指标解释附在各部分后面。

三、本年鉴资料来源于综合、业务及其他管理部门年度统计报表。

四、本年鉴部分数据合计数由于单位取舍不同产生的计算误差均未做机械调整。

五、本年鉴各部分中的“按学科分”汇总数据，均指按机构所属学科分，个别情况已另加“注”说明。

六、本年鉴由中国科学院计划财务局会同院机关有关部门及相关单位共同完成。在编辑出版过程中，编辑部得到了各方面的支持和帮助，在此一并致谢。

EDITOR'S NOTES

1. The *Statistical Yearbook of Chinese Academy of Sciences*, 2009, is an informational almanac which gives an overall description of every major aspect related to CAS's scientific and technological (S&T) activities and its development. It contains statistical data of institutions and organizations of CAS in 2008 as well as its important statistical information in the past years.

2. The Yearbook consists of the following 12 parts: academic divisions; organizations; personnel; funds; capital construction; S&T activities; talent training and recruitment; patents,S&T papers and award-winning achievements; business activities of CAS and its institution invested enterprises; CAS and locality cooperation; international cooperation and exchanges with Hong Kong, Macao and Taiwan regions; documentation and information; and publication. Explanatory notes on key indicators are attached at the end of each part.

3. Data contained in the Yearbook are selected from the annual statistical reports of various professional and management departments of the Headquarters of CAS.

4. Details may not add to the total in some statistical tables due to rounding. No manual adjustment is made.

5. The definition "By field" in some statistical tables refers to the classification of research fields which the institutes mainly deal with, some special cases have attached notes.

6. The Yearbook is completed by the Bureau of Planning and Finance of CAS in cooperation with the relevant departments of CAS Headquarters and concerned institutions. The Editorial Committee extends its gratitude to all those who have rendered their valuable support and assistance during the preparation of this Yearbook.

目　录
CONTENTS

一、学　部
ACADEMIC DIVISIONS

1-1　历届当选的中国科学院院士(学部委员)人数按学部分布
CAS Members, by Academic Division and Election Year

单位：人　　　　(person)

年　份 Year	合计 Total	数学物理学部 Division of Mathematics and Physics	化学部 Division of Chemistry	生命科学和医学学部 Division of Life Sciences and Medicine	地学部 Division of Earth Sciences	信息技术科学部 Division of Information Technical Sciences	技术科学部 Division of Technological Sciences
总　计 Total	**1108**	**198**	**182**	**240**	**196**	**7**	**285**
1955	172	30	22	60	24		36
1957	18	6	2	5	3		2
1980	283	51	51	53	64		64
1991	210	38	35	34	35		68
1993	59	10	10	11	10		18
1995	59	10	9	12	10		18
1997	58	9	10	12	10		17
1999	55	10	8	11	10		16
2001	56	10	10	12	9		15
2003	58	10	10	11	10		17
2005	51	8	9	12	7	6	9
2007	29	6	6	7	4	1	5

1-2 现有院士人数按学部分布(2008 年)

Present CAS Members, by Academic Division: 2008

单位：人 (person)

	合计 Total	数学物理学部 Division of Mathematics and Physics	化学部 Division of Chemistry	生命科学和医学学部 Division of Life Sciences and Medicine	地学部 Division of Earth Sciences	信息技术科学部 Division of Information Technical Sciences	技术科学学部 Division of Technological Sciences
总 计 Total	**692**	**134**	**120**	**124**	**113**	**79**	**122**
其中：女性 Of which: Female	40	7	9	12	5	3	4
中国科学院 CAS	276	65	48	61	51	30	21
高等院校 Institutions of higher education	287	50	61	48	31	34	63
其他单位 Other institutions	129	19	11	15	31	15	38

注：1.另有 51 位中国科学院外籍院士。

Note: In addition, CAS has 51 foreign members.

2. 2004 年 6 月，生物学部更名为生命科学和医学学部，技术科学部划分为信息技术科学部、技术科学学部。

In June 2004, Division of Biological Sciences changed its name into Division of Life Sciences and Medicine, while, Division of Technological Sciences was divided into Division of Information Technical Sciences and Division of Technological Sciences.

1-3 中国科学院院士年龄情况(2008 年)

Age Distribution of CAS Members: 2008

单位：人 (person)

	合计 Total	40~49 岁	50~59 岁	60~69 岁	70~79 岁	80~89 岁	90 岁以上
总 计 Total	**692**	**18**	**47**	**108**	**299**	**151**	**69**
数学物理学部 Division of Mathematics and Physics	134	2	5	24	64	29	10
化学部 Division of Chemistry	120	6	15	13	35	40	11
生命科学和医学学部 Division of Life Sciences and Medicine	124	4	17	21	43	26	13
地学部 Division of Earth Sciences	113	0	7	23	55	13	15
信息技术科学部 Division of Information Technical Sciences	79	4	0	9	46	12	8
技术科学学部 Division of Technological Sciences	122	2	3	18	56	31	12

1-4 中国科学院学部咨询报告

Consultation Reports Submitted by CAS Academic Divisions

年 份 Year	咨询报告和院士建议 Consultation reports and suggestions (篇) (Article)	学术和科普报告会 Academic and popular science meetings (场) (Time)
2000	29	16
2001	8	12
2002	21	27
2003	39	25
2004	49	93
2005	17	91
2006	34	115
2007	22	65
2008	40	49

注：学部咨询报告和院士建议是根据国家需求，由学部组织或院士个人对国家重大科学技术问题提出的咨询意见和建议。

Note: The consultation reports and suggestions submitted by CAS Academic Divisions or its individual members are, in accordance with the nation's demands, on the national major science and technology issues.

二、机　构

ORGANIZATIONS

2-1 院直属单位发展情况

Development of Units Directly under CAS

单位：个 (unit)

年 份 Year	院直属事业单位 Institutions directly under CAS	科研机构 Research units	院直接投资的控股企业 CAS invested holding enterprises
1949	25	22	
1952	36	31	
1957	97	67	
1962	117	99	
1966	135	106	
1975	80	63	
1980	156	117	
1985	157	122	
1990	159	123	
1994	159	123	5
1995	161	124	5
1996	158	123	8
1997	157	123	10
1998	155	121	10
1999	149	115	8
2000	145	112	8
2001	120	94	18
2002	112	85	23
2003	116	89	23
2004	116	89	21
2005	115	90	21
2006	116	91	22
2007	116	91	24
2008	113	92	24

2-2 院直属事业单位(2008 年)
Institutions Directly under CAS: 2008

序号 No.	单 位 名 称 Unit	序号 No.	单 位 名 称 Unit
	合计: 113 个 Total: 113 units	13	地理科学与资源研究所 Inst. of Geographic Sciences and Natural Resources Research
	北京市:45 个 Beijing: 45 units	14	青藏高原研究所 Inst. of Qinghai-Tibet Plateau
1	数学与系统科学研究院 Academy of Mathematics and Systems Science	15	地质与地球物理研究所 Inst. of Geology and Geophysics
2	物理研究所 Inst. of Physics	16	古脊椎动物与古人类研究所 Inst. of Vertebrate Paleontology and Paleoanthropology
3	声学研究所 Inst. of Acoustics	17	大气物理研究所 Inst. of Atmospheric Physics
4	理论物理研究所 Inst. of Theoretical Physics	18	遥感应用研究所 Inst. of Remote Sensing Application
5	理化技术研究所 Technical Inst. of Physics and Chemistry	19	植物研究所 Inst. of Botany
6	高能物理研究所 Inst. of High Energy Physics	20	动物研究所 Inst. of Zoology
7	国家天文台 National Astronomical Observatories of China	21	心理研究所 Inst. of Psychology
8	力学研究所 Inst. of Mechanics	22	微生物研究所 Inst. of Microbiology
9	化学研究所 Inst. of Chemistry	23	生物物理研究所 Inst. of Biophysics
10	生态环境研究中心 Research Center for Eco-Environmental Sciences	24	遗传与发育生物学研究所 Inst. of Genetics and Developmental Biology
11	国家纳米科学中心 National Center for Nano Science and Technology of China	25	北京基因组研究所 Beijing Inst. of Genomics
12	过程工程研究所 Inst. of Process Engineering	26	计算技术研究所 Inst. of Computing Technology

续表 2-2

序号 No.	单 位 名 称 Unit	序号 No.	单 位 名 称 Unit
27	计算机网络信息中心 Computer Network Information Center	43	国家科学图书馆(筹) National Science Library
28	软件研究所 Inst. of Software	44	科学时报社 Science Times
29	半导体研究所 Inst. of Semiconductors	45	科学出版社 Science Press
30	微电子研究所 Inst. of Microelectronics		山西省: 1 个 Shanxi Province: 1 unit
31	电子学研究所 Inst. of Electronics	46	山西煤炭化学研究所 Shanxi Inst. of Coal Chemistry
32	光电研究院 Institutes of Optoelectronics		辽宁省: 5 个 Liaoning Province: 5 units
33	电工研究所 Inst. of Electrical Engineering	47	大连化学物理研究所 Dalian Inst. of Chemical Physics
34	工程热物理研究所 Inst. of Engineering Thermophysics	48	沈阳应用生态研究所 Shenyang Inst. of Applied Ecology
35	空间科学与应用研究中心 Center for Space Science and Applied Research	49	沈阳自动化研究所 Shenyang Inst. of Automation
36	自动化研究所 Inst. of Automation	50	金属研究所 Inst. of Metals Research
37	对地观测与数字地球科学中心 Center for Earth Observation and Digital Earth	51	沈阳分院 Shenyang Branch
38	自然科学史研究所 Inst. of History of Natural Sciences		吉林省: 4 个 Jilin Province: 4 units
39	科技政策与管理科学研究所 Inst. of Policy and Management	52	长春应用化学研究所 Changchun Inst. of Applied Chemistry
40	中国科学院机关 CAS Head Office	53	东北地理与农业生态研究所 Northeast Inst. of Geography and Agricultural Ecology
41	行政管理局 Bureau of Administration and Logistics	54	长春光学精密机械与物理研究所 Changchun Inst. of Optics，Fine Mechanics and Physics
42	中国科学院研究生院 Graduate University of Chinese Academy of Sciences	55	长春分院 Changchun Branch

序号 No.	单位名称 Unit	序号 No.	单位名称 Unit
	上海市: 10 个 Shanghai: 10 units	69	南京地质古生物研究所 Nanjing Inst. of Geology and Palaeontology
56	上海应用物理研究所 Shanghai Inst. of Applied Physics	70	南京土壤研究所 Nanjing Inst. of Soil Science
57	上海天文台 Shanghai Observatory	71	南京分院 Nanjing Branch
58	上海硅酸盐研究所 Shanghai Inst. of Ceramics		安徽省: 2 个 Anhui Province: 2 units
59	上海有机化学研究所 Shanghai Inst. of Organic Chemistry	72	合肥物质科学研究院 Hefei Institutes of Physical Sciences
60	上海生命科学研究院 Shanghai Institutes for Biological Sciences	73	中国科学技术大学 University of Science and Technology of China
61	上海微系统与信息技术研究所 Shanghai Inst. of Microsystem and Information Technology		福建省: 1 个 Fujian Province: 1 unit
62	上海光学精密机械研究所 Shanghai Inst. of Optics and Fine Mechanics	74	福建物质结构研究所 Fujian Inst. of Research on the Structure of Matter
63	上海技术物理研究所 Shanghai Inst. of Technical Physics		江西省: 1 个 Jiangxi Province: 1 unit
64	上海药物研究所 Shanghai Inst. of Materia Medica	75	庐山疗养院 Lushan Sanatorium
65	上海分院 Shanghai Branch		山东省: 2 个 Shandong Province: 2 units
	浙江省: 1 个 Zhejiang Province: 1 unit	76	海洋研究所 Inst. of Oceanology
66	宁波材料技术与工程研究所 Ningbo Inst. of Material Technology and Engineering	77	青岛疗养院 Qingdao Sanatorium
	江苏省: 5 个 Jiangsu Province: 5 units		湖北省: 7 个 Hubei Province: 7 units
67	紫金山天文台 Purple Mountain Observatory	78	武汉物理与数学研究所 Wuhan Inst. of Physics and Mathematics
68	南京地理与湖泊研究所 Nanjing Inst. of Geography and Limnology	79	武汉岩土力学研究所 Wuhan Inst. of Rock and Soil Mechanics

续表 2-2

序号 No.	单位名称 Unit	序号 No.	单位名称 Unit
80	测量与地球物理研究所 Inst. of Geodesy and Geophysics	92	成都山地灾害与环境研究所 Chengdu Inst. of Mountain Hazards and Environment
81	武汉植物园 Wuhan Botanical Garden	93	成都生物研究所 Chengdu Inst. of Biology
82	水生生物研究所 Inst. of Hydrobiology	94	光电技术研究所 Inst. of Optics and Electronics
83	武汉病毒研究所 Wuhan Inst. of Virology	95	成都分院 Chengdu Branch
84	武汉分院 Wuhan Branch		贵州省: 1 个 Guizhou Province: 1 unit
	湖南省:1 个 Hunan Province:1 unit	96	地球化学研究所 Inst. of Geochemistry
85	亚热带农业生态研究所 Inst. of Subtropical Agriculture		云南省: 4 个 Yunnan Province: 4 units
	广东省:6 个 Guangdong Province: 6 units	97	昆明植物研究所 Kunming Inst. of Botany
86	广州地球化学研究所 Guangzhou Inst. of Geochemistry	98	西双版纳热带植物园 Xishuangbanna Tropical Botanical Garden
87	南海海洋研究所 South China Sea Inst. of Oceanology	99	昆明动物研究所 Kunming Inst. of Zoology
88	华南植物园 South China Botanical Garden	100	昆明分院 Kunming Branch
89	广州能源研究所 Guangzhou Inst. of Energy Conversion		陕西省: 4 个 Shaanxi Province: 4 units
90	广州生物医药与健康研究院 Guangzhou Inst. of Biomedicine and Health	101	国家授时中心 National Time Service Center
91	广州分院 Guangzhou Branch	102	西安光学精密机械研究所 Xi'an Inst. of Optics and Precision Mechanics
	四川省: 4 个 Sichuan Province: 4 units	103	地球环境研究所 Inst. of Earth Environment

续表 2-2

序号 No.	单 位 名 称 Unit	序号 No.	单 位 名 称 Unit
104	西安分院 Xi'an Branch	109	青海盐湖研究所 Qinghai Inst. of Saline Lakes
	甘肃省: 4 个 Gansu Province: 4 units	110	西北高原生物研究所 Northwest Inst. of Plateau Biology
105	近代物理研究所 Inst. of Modern Physics		新疆维吾尔自治区: 3 个 Xinjiang Uygur Autonomous Region: 3 units
106	兰州化学物理研究所 Lanzhou Inst. of Chemical Physics	111	新疆理化技术研究所 Xinjiang Technical Inst. of Physics and Chemistry
107	寒区旱区环境与工程研究所 Cold and Arid Regions Environmental and Engineering Research Inst.	112	新疆生态与地理研究所 Xinjiang Inst. of Ecology and Geography
108	兰州分院 Lanzhou Branch	113	新疆分院 Xinjiang Branch
	青海省: 2 个 Qinghai Province: 2 units		

注: Inst.—Institute. R&D—Research and Development.

机构变动说明:

1. 2008 年 4 月，经中编办批准，中国遥感卫星地面站更名为对地观测与数字地球科学中心，为科研单位。
2. 2008 年，文献情报中心、武汉文献情报中心、成都文献情报中心及兰州资源信息中心整合为国家科学图书馆(筹)已报国家机构管理部门审批，同时在国家科学图书馆(筹)下成立国家科学图书馆武汉分馆(筹)、国家科学图书馆成都分馆(筹)、国家科学图书馆兰州分馆(筹)。

Explanation of organization changes:

1. Approved by the central government related office in April,2008, China Remote Sensing Satellite Ground station was merged into center for Earth Observation and Digital Earth as a research institute under CAS.
2. In 2008, CAS Information and Documentation Center, Wuhan Information and Documentation Center, Chengdu Information and Documentation Center, and Lanzhou Resources and Information Center were merged into National Sciences Library with its headquarters in Beijing and in responsible for Wuhan Branch, Chengdu Branch, and Lanzhou Branch. This initiative has been submitted to the central government related office for final approval.

2-3　院直接投资的控股企业(2008 年)
CAS Invested Holding Enterprises: 2008

序号 No.	单 位 名 称 Unit
	合计: 24 个 Total: 24 units
	北京市: 16 个 Beijing: 16 units
1	中国科学院国有资产经营有限责任公司 CAS Holdings Co., Ltd.
2	中科实业集团(控股)有限公司 China Sciences Holdings Co., Ltd.
3	联想控股有限公司 Legend Holdings Co., Ltd.
4	东方科学仪器进出口集团有限公司 Oriental Scientific Instrument Import & Export Group Co., Ltd.
5	中国科技产业投资管理有限公司 China S&T Industry Investment Management Co.,Ltd.
6	华建电子有限责任公司 Huajian Electronics Co., Ltd.
7	国科光电科技有限责任公司 Guoke Photoelectric Science and Technology Co., Ltd.
8	北京中科院软件中心有限公司 CAS Beijing Software Co., Ltd.
9	中科建筑设计研究院有限责任公司 CAS Architectural Design Institute Co., Ltd.
10	北京中科资源有限公司 CAS Beijing Resources Co., Ltd.
11	北京中科印刷有限责任公司 CAS Beijing Printing Co., Ltd.
12	中科院科技服务有限公司 CAS S&T Service Co., Ltd.
13	中国科学出版集团有限责任公司 CAS Science Press Group Co., Ltd.

续表 2-3

序号 No.	单 位 名 称 Unit
14	科学出版社有限责任公司 Science Press Co., Ltd.
15	北京中科科仪技术发展有限责任公司 KYKY Technology Development Ltd.
16	北京博思园客座公寓有限公司 Beijing BO SI YUAN Guest House Co., Ltd.
	辽宁省:2 个 Liaoning Province : 2 Units
17	中国科学院沈阳计算技术研究所有限公司 CAS Shenyang Institute of Computing Technology Co., Ltd.
18	中国科学院沈阳科学仪器研制中心有限公司 CAS Shenyang Scientific Instrument Development Co., Ltd.
	江苏省:1 个 Jiangsu Province: 1 unit
19	南京中科天文仪器有限公司 CAS Nanjing Astronomic Instrument Co., Ltd.
	四川省:3 个 Sichuan Province: 3 units
20	中国科学院成都有机化学有限公司 CAS Chengdu Organic Chemistry Co., Ltd.
21	中科院成都信息技术有限公司 CAS Chengdu Information Technology Co., Ltd.
22	成都中科唯实仪器有限责任公司 CAS Chengdu Weishi Instrument Co., Ltd.
	广东省: 2 个 Guangdong Province: 2 units
23	中科院广州化学有限公司 CAS Guangzhou Chemistry Co., Ltd.
24	中科院广州电子技术有限公司 CAS Guangzhou Electronics Technology Co., Ltd.

主要统计指标解释

1. 院直属单位

院直属单位指经国家正式批准的院直属独立核算单位。独立核算单位的条件是：行政上是具有独立法人资格的单位；财务上独立核算盈亏，独立编制资金平衡表或财务预算、决算表；有权与其他单位签订合同。

2. 事业单位

事业单位指以社会公益为目的，利用国有资产从事科研、服务、教育等活动的院直属具有法人资格的组织。

3. 企业单位

企业单位指院直属从事商品生产、流通、经营和服务性经济活动，以营利为目的并在工商行政管理部门登记的独立核算单位。

Explanatory Notes on Key Indicators

1. Units directly under CAS

This refers to the independent accounting units directly under the jurisdiction of the CAS, which are established on the formal approval of the State. Independent accounting units should enjoy corporate status, assume sole responsibility for their profits or losses, compile independently their financial balance sheets or financial budgets and final accounts, have the right to sign contracts with other organizations and establish their own bank accounts.

2. Institutions

This refers to those units of corporate capacity under CAS, aiming at improving the social welfare, and utilizing the state-owned assets and resources to engage in activities such as scientific research, services, and education.

3. Enterprises

This refers to CAS independent accounting units, which are engaged in the commodity production, circulation and business activities as well as service activities with the aim of making profits and are registered in industrial and commercial administrative departments.

三、人　员

PERSONNEL

3-1 事业单位在职职工分类情况

Classification of CAS Regular Staff

单位：人　　(person)

年份 Year	总计 Total	其中：女性 Of which: Female	干部 Cadres 合计 Total	专业技术人员 Professional and technical staff 小计 Subtotal	高级 Senior	中级 Middle level	初级及未定 Junior and others	行政管理人员 Administrative staff	工人 Workers
1949	575		416	345	122	112	82	71	159
1950	1063		789	562	165	206	141	227	274
1951	1494		1105	811	220	290	228	294	389
1952	5239		3014	1967	351	405	754	1047	2225
1953	7262		4382	2776	391	470	1309	1606	2880
1954	7043		4745	3296	413	493	1560	1449	2298
1955	7978		5817	4152	488	536	1953	1665	2161
1956	14209		11336	8476	731	815	3735	2860	2873
1957	17294		13347	10566	753	931	4750	2781	3947
1958	34049		21558	14979	752	938	5770	6579	12491
1959	45769		32421	20022	680	847	7103	12399	13348
1960	57976		37505	23898	736	1137	9316	13607	20471
1961	40957		28586	19128	590	1219	9794	9458	12371
1962	42143		32285	23179	623	2113	13198	9106	9858
1963	46198		35355	25264	640	2354	14866	10091	10843
1964	52775		39969	28822	696	2719	16634	11147	12806
1965	60258		44341	30835	688	2874	18375	13506	15917
1966	61681		44900	31109	693	2973	18644	13791	16781
1973	35157		24911	16407	414	1768	11289	8504	10246
1974	36635		25944	17242	408	1764	11907	8702	10691
1975	48716		33134	20749	505	1874	14675	12385	15582
1976	51824		34736	19915	429	1903	15496	14821	17088
1977	54756		36811	20592	413	1894	17357	16219	17945
1978	79755		52045	38189	1261	10380	19253	13856	27710
1979	83488	28544	55076	43058	2238	21411	19409	12018	28412
1980	84497	28897	55813	44098	2737	22795	18566	11715	28684
1981	76644	26319	50026	40239	2724	22016	15499	9787	26618
1982	78109	26728	52092	42931	3076	25267	14588	9161	26017
1983	78439	26786	52610	44295	3283	26014	14998	8315	25829
1984	80792	27615	54099	44850	3204	25526	16120	9249	26693
1985	81501	27946	55201	46056	3491	25194	17371	9145	26300

续表 3-1

年份 Year	总计 Total	其中：女性 Of which: Female	干部 Cadres						
			合计 Total	专业技术人员 Professional and technical staff				行政管理人员 Administrative staff	工人 Workers
				小计 Subtotal	高级 Senior	中级 Middle level	初级及未定 Junior and others		
1986	82326	28484	57363	49865	8358	22716	18791	7498	24963
1987	82721	28624	59667	52628	10638	23138	18852	7039	23054
1988	83969	29248	62328	55910	12010	24413	19487	6418	21641
1989	84287	29157	63499	57550	13280	24328	19942	5949	20788
1990	84848	29031	64554	59028	14574	25043	19411	5526	20294
1991	84909	29088	65179	59800	14810	24621	20369	5379	19730
1992	83909	28638	64592	59387	15612	24714	19061	5205	19317
1993	81456	27645	62930	57878	16735	24468	16675	5052	18526
1994	78295	26462	60443	55565	17267	23649	14649	4878	17852
1995	75039	25314	58021	52992	17774	22446	12772	5029	17018
1996	71763	24224	55523	47789	16712	19842	11235	7734	16240
1997	68292	23073	52721	45124	16618	18397	10109	7597	15571
1998	65003	21980	49983	42693	16031	17169	9493	7290	15020
1999	61681	20612	47264	40175	15031	15992	9152	7089	14417
2000	58683	19472	44991	38319	14542	15135	8642	6672	13692
2001	54972	18027	42601	36343	14091	13991	8261	6258	12371
2002	45561	14859	35973	30596	13081	11429	6086	5377	9588
2003	43760	14250	34673	29387	12736	10771	5880	5286	9087
2004	43162	13918	34611	29474	13058	10852	5564	5137	8551
2005	43140	13770	34923	29932	13119	11180	5633	4991	8217
2006	43446	13812	35791	30677	13532	11601	5544	5114	7655
2007	43817	13907	36648	31479	13639	12298	5542	5169	7169
2008	50340	16381	43082	37623	14772	13903	8948	5459	7258

注：1. 1949~1978 年专业技术人员中，高级、中级、初级仅包括科研人员和高校教学人员，因此专业技术人员小计>高级+中级+初级。

Note: The data of senior, middle level and junior in the category of professional and technical staff from 1949 to 1978 only include research and technical people and teaching staff in the universities. Therefore, the total number of professional and technical staff is more than that of the senior, middle and junior level.

2. 1967~1972 年全院职工分类无统计数据。女性职工 1949~1978 年无统计数据。

The statistical data for female staff from 1949 to 1978 and that for the total CAS staff from 1967 to 1972 are not available.

3. 自 2002 年起，在职职工人数的统计范围仅指院属事业单位在编职工。

Since 2002, the number of regular staff only refers to all the regular staff of CAS institutions.

4. 自 2008 年起，事业单位在职职工人数的统计范围是指院属事业单位在编职工和项目聘用人员。

Since 2008, the number of regular staff includes both the regular staff of all CAS institutions and the staff by project contract.

3-2　事业单位在职职工及
CAS Regular Staff and

单位：人

系统及单位 System and unit	在职职工 总　计 Regular staff total	其中： 女性 Of which: Female
总计 **Total**	**50340**	**16381**
一、按系统分 By system		
(一) 科研机构 Research units	42558	13760
数学、物理 Mathematics & physics	9110	2563
化学与化工 Chemistry & chemical engineering	5999	2028
地学 Earth sciences	5674	1658
生物学 Biological sciences	8193	3516
技术科学 Technological sciences	13387	3919
其他 Others	195	76
(二) 学校及公共支撑机构 Universities and public supporting organizations	6197	2062
技术支撑 Supporting organizations	1198	578
学校 Universities	126	48
文献情报、新闻出版 Documentation,information & publication	4164	1183
服务与福利 Service & welfare	709	253
(三) 管理机构 Management organizations	1585	559
中国科学院本部 CAS Headquarters	543	175
地区管理部门 CAS Branches	1042	384

离退休人员情况(2008 年)
Retired Personnel: 2008

(person)

干部 Cadres							工人 Workers	离、退休人员总数 Total retired personnel
合计 Total	专业技术人员 Professional and technical staff					行政管理人员 Adminis-trative staff		
	小计 Subtotal	高级 Senior	其中：正高级 Of which: Full professorship	中级 Middle level	初级及未定 Junior and others			
43082	**37623**	**14772**	**5611**	**13903**	**8948**	**5459**	**7258**	**42857**
36598	32637	12827	4899	12150	7660	3961	5960	37315
7660	6750	2820	1119	2475	1455	910	1450	8047
5248	4811	1869	661	1791	1151	437	751	5726
5115	4383	2181	867	1584	618	732	559	4655
7331	6382	2243	977	2444	1695	949	862	6360
11052	10145	3628	1235	3788	2729	907	2335	12416
192	166	86	40	68	12	26	3	111
5170	4516	1759	653	1546	1211	654	1027	3626
1150	1031	245	70	488	298	119	48	750
124	92	63	10	27	2	32	2	42
3557	3160	1435	573	967	758	397	607	2062
339	233	16		64	153	106	370	772
1314	470	186	59	207	77	844	271	1916
519	115	87	39	27	1	404	24	662
795	355	99	20	180	76	440	247	1254

系统及单位 System and unit	在职职工 总　计 Regular staff total	其中: 女性 Of which: Female
二、按单位分 By unit		
北京市 Beijing	18989	6665
数学与系统科学研究院 Academy of Mathematics and Systems Science	322	89
物理研究所 Inst. of Physics	431	130
声学研究所 Inst. of Acoustics	671	181
理论物理研究所 Inst. of Theoretical Physics	53	14
理化技术研究所 Technical Inst. of Physics and Chemistry	380	128
高能物理研究所 Inst. of High Energy Physics	1098	400
国家天文台 National Astronomical Observatories of China	839	221
力学研究所 Inst. of Mechanics	406	111
化学研究所 Inst. of Chemistry	527	225
生态环境研究中心 Research Center for Eco-Environmental Sciences	379	146
国家纳米科学中心 National Center for Nano Science and Technology of China	100	48
过程工程研究所 Inst. of Process Engineering	381	135
地理科学与资源研究所 Inst. of Geographic Sciences and Natural Resources Research	703	238
遥感应用研究所 Inst. of Remote Sensing Application	226	69
地质与地球物理研究所 Inst. of Geology and Geophysics	579	156
青藏高原研究所 Inst. of Qinghai-Tibet Plateau	124	31
古脊椎动物与古人类研究所 Inst. of Vertebrate Paleontology and Paleoanthropology	126	43

续表 3-2

干部 Cadres							工人 Workers	离、退休人员总数 Total retired personnel
合计 Total	专业技术人员 Professional and technical staff					行政管理人员 Adminis-trative staff		
	小计 Subtotal	高级 Senior	其中: 正高级 Of which: Full professorship	中级 Middle level	初级及未定 Junior and others			
17018	14768	5907	2264	5345	3516	2250	1971	15813
306	244	171	108	65	8	62	16	298
371	327	241	124	55	31	44	60	503
625	566	201	78	238	127	59	46	568
52	40	32	25	2	6	12	1	37
338	293	146	57	114	33	45	42	387
895	787	334	119	321	132	108	203	1085
721	631	243	97	214	174	90	118	536
360	324	170	58	116	38	36	46	486
492	462	245	84	140	77	30	35	541
366	339	128	49	150	61	27	13	317
100	90	43	17	22	25	10		
361	335	114	31	116	105	26	20	338
657	597	269	102	154	174	60	46	515
212	190	80	29	75	35	22	14	98
520	429	245	114	146	38	91	59	567
114	99	51	19	20	28	15	10	
123	96	61	23	26	9	27	3	142

系统及单位 System and unit	在职职工 总　计 Regular staff total	其中: 女性 Of which: Female
大气物理研究所 Inst. of Atmospheric Physics	365	134
植物研究所 Inst. of Botany	597	262
动物研究所 Inst. of Zoology	335	155
心理研究所 Inst. of Psychology	150	79
微生物研究所 Inst. of Microbiology	313	158
生物物理研究所 Inst. of Biophysics	371	183
遗传与发育生物学研究所 Inst. of Genetics and Developmental Biology	541	231
北京基因组研究所 Beijing Inst. of Genomics	179	87
计算技术研究所 Inst. of Computing Technology	683	209
软件研究所 Inst. of Software	533	201
半导体研究所 Inst. of Semiconductors	575	202
微电子研究所 Inst. of Microelectronics	474	173
电子学研究所 Inst. of Electronics	862	287
光电研究院 Institutes of Optoelectronics	265	92
自动化研究所 Inst. of Automation	572	189
电工研究所 Inst. of Electrical Engineering	345	105
工程热物理研究所 Inst. of Engineering Thermophysics	207	48
空间科学与应用研究中心 Center for Space Science and Applied Research	507	169
对地观测与数字地球科学中心 Center for Earth Observation and Digital Earth	214	59

干部 Cadres							工人 Workers	离、退休人员总数 Total retired personnel
合计 Total	专业技术人员 Professional and technical staff					行政管理人员 Administrative staff		
	小计 Subtotal	高级 Senior	其中: 正高级 Of which: Full professorship	中级 Middle level	初级及未定 Junior and others			
337	310	158	59	139	13	27	28	294
536	487	181	69	251	55	49	61	490
314	280	131	59	114	35	34	21	355
147	127	57	26	61	9	20	3	100
285	250	95	46	128	27	35	28	312
351	290	113	57	142	35	61	20	469
506	433	152	64	192	89	73	35	435
161	142	16	9	53	73	19	18	
605	569	237	51	262	70	36	78	911
512	455	138	56	132	185	57	21	200
470	425	160	74	155	110	45	105	590
369	332	95	32	124	113	37	105	542
788	753	200	67	284	269	35	74	732
256	235	97	32	81	57	21	9	5
546	517	153	56	148	216	29	26	297
307	274	102	31	112	60	33	38	360
200	175	74	24	73	28	25	7	129
487	449	194	43	166	89	38	20	470
204	183	75	28	74	34	21	10	68

系统及单位 System and unit	在职职工 总　计 Regular staff total	其中: 女性 Of which: Female
自然科学史研究所 Inst. of History of Natural Sciences	82	30
科技政策与管理科学研究所 Inst. of Science Policy and Management	129	49
中国科学院研究生院 Graduate University of Chinese Academy of Sciences	669	291
计算机网络信息中心 Computer Network Information Center	470	171
国家科学图书馆(筹) National Science Library	286	179
科学时报社 Science Times	164	33
科学出版社 Science Press	545	110
行政管理局 Bureau of Administration and Logistics	668	239
中国科学院本部 CAS Headquarters	543	175
其中: 院机关 Of which: Head Office	543	175
山西省 Shanxi Province	529	163
山西煤炭化学研究所 Shanxi Inst. of Coal Chemistry	529	163
辽宁省、山东省 Liaoning and Shandong Provinces	3741	997
大连化学物理研究所 Dalian Inst. of Chemical Physics	942	302
沈阳应用生态研究所 Shenyang Inst. of Applied Ecology	390	149
沈阳自动化研究所 Shenyang Inst. of Automation	659	105
金属研究所 Inst. of Metals Research	1120	273
海洋研究所 Inst. of Oceanology	570	151
青岛疗养院 Qingdao Sanatorium	9	4

续表 3-2

干部 Cadres							工人 Workers	离、退休人员总数 Total retired personnel
合计 Total	专业技术人员 Professional and technical staff					行政管理人员 Adminis-trative staff		
	小计 Subtotal	高级 Senior	其中：正高级 Of which: Full professorship	中级 Middle level	初级及未定 Junior and others			
79	66	38	17	22	6	13	3	72
127	114	49	23	50	15	13	2	39
556	398	274	111	107	17	158	113	495
468	448	68	10	181	199	20	2	42
267	237	90	32	112	35	30	19	254
164	144	29	4	21	94	20		2
516	478	54	11	98	330	38	25	323
324	229	16		62	151	95	344	747
519	115	87	39	27	1	404	24	662
519	115	87	39	27	1	404	24	662
405	360	142	46	150	68	45	124	447
405	360	142	46	150	68	45	124	447
3115	2798	1102	392	1085	611	317	626	3126
836	760	262	87	320	178	76	106	806
352	306	125	46	126	55	46	38	341
580	544	199	71	181	164	36	79	451
824	752	324	110	277	151	72	296	776
476	408	178	72	172	58	68	94	662
2	1			1		1	7	3

系统及单位 System and unit	在职职工总计 Regular staff total	其中：女性 Of which: Female
沈阳分院 Shenyang Branch	51	13
其中：分院机关 Of which: Branch Office	51	13
吉林省 Jilin Province	3038	804
长春应用化学研究所 Changchun Inst. of Applied Chemistry	906	265
东北地理与农业生态研究所 Northeast Inst. of Geography and Agricultural Ecology	294	72
长春光学精密仪器与物理研究所 Changchun Inst. of Optics, Fine Mechanics and Physics	1791	449
长春分院 Changchun Branch	47	18
其中：分院机关 Of which: Branch Office	47	18
上海市、福建省、浙江省 Shanghai, Fujian Province and Zhejiang Province	7159	2599
上海应用物理研究所 Shanghai Inst. of Applied Physics	755	207
上海天文台 Shanghai Observatory	202	58
上海硅酸盐研究所 Shanghai Inst. of Ceramics	653	208
上海有机化学研究所 Shanghai Inst. of Organic Chemistry	461	174
上海药物研究所 Shanghai Inst. of Materia Medica	523	258
上海生命科学院 Shanghai Institutes for Biological Sciences	1597	768
上海微系统与信息技术研究所 Shanghai Inst. of Microsystem and Information Technology	640	187
上海光学精密机械研究所 Shanghai Inst. of Optics and Fine Mechanics	760	217
上海技术物理研究所 Shanghai Inst. of Technical Physics	760	228
福建物质结构研究所 Fujian Inst. of Research on the Structure of Matter	414	118

续表 3-2

干部 Cadres							工人 Workers	离、退休人员总数 Total retired personnel
合计 Total	专业技术人员 Professional and technical staff					行政管理人员 Administrative staff		
	小计 Subtotal	高级 Senior	其中：正高级 Of which: Full professorship	中级 Middle level	初级及未定 Junior and others			
45	27	14	6	8	5	18	6	87
45	27	14	6	8	5	18	6	87
2453	2263	917	317	938	408	190	585	3863
778	724	293	94	280	151	54	128	824
249	200	98	39	84	18	49	45	219
1384	1316	517	183	567	232	68	407	2767
42	23	9	1	7	7	19	5	53
42	23	9	1	7	7	19	5	53
6024	5354	1806	749	1838	1710	670	1135	6841
588	551	182	65	212	157	37	167	751
181	154	76	36	46	32	27	21	250
520	480	217	65	184	79	40	133	625
393	367	99	51	133	135	26	68	851
484	441	149	72	144	148	43	39	338
1406	1213	365	170	398	450	193	191	1314
502	458	127	55	145	186	44	138	761
560	500	201	72	188	111	60	200	834
676	611	240	90	193	178	65	84	594
384	351	92	48	126	133	33	30	321

系统及单位 System and unit	在职职工 总　计 Regular staff total	其中: 女性 Of which: Female
宁波材料技术与工程研究所 Ningbo Inst. of Material Technology and Engineering	187	118
上海分院 Shanghai Branch	207	58
其中: 分院机关 Of which: Branch Office	207	58
江苏省 Jiangsu Province	948	261
紫金山天文台 Purple Mountain Observatory	276	67
南京地理与湖泊研究所 Nanjing Inst. of Geography and Limnology	203	61
南京地质古生物研究所 Nanjing Inst. of Geology and Palaeontology	156	41
南京土壤研究所 Nanjing Inst. of Soil Science	285	84
南京分院 Nanjing Branch	28	8
其中: 分院机关 Of which: Branch Office	25	8
安徽省 Anhui Province	4720	1314
合肥物质科学研究院 Hefei Institutes of Physical Sciences	1644	417
中国科学技术大学 University of Science and Technology of China	3076	897
江西省 Jiangxi Province	32	10
庐山疗养院 Lushan Sanatorium	32	10
湖北省 Hubei Province	1712	529
武汉物理与数学研究所 Wuhan Inst. of Physics and Mathematics	303	85
武汉岩土力学研究所 Wuhan Inst. of Rock and Soil Mechanics	370	82
测量与地球物理研究所 Inst. of Geodesy and Geophysics	120	37

续表 3-2

干部 Cadres							工人 Workers	离、退休人员总数 Total retired personnel
合计 Total	专业技术人员 Professional and technical staff					行政管理人员 Administrative staff		
	小计 Subtotal	高级 Senior	其中：正高级 Of which: Full professorship	中级 Middle level	初级及未定 Junior and others			
184	159	39	24	35	85	25	3	
146	69	19	1	34	16	77	61	202
146	69	19	1	34	16	77	61	202
846	736	373	151	263	100	110	102	967
247	211	83	41	82	46	36	29	241
176	165	102	29	50	13	11	27	158
142	127	82	40	33	12	15	14	212
257	226	102	39	98	26	31	28	310
24	7	4	2		3	17	4	46
23	7	4	2		3	16	2	46
3970	3581	1590	603	1325	666	389	750	2816
1375	1236	432	141	473	331	139	269	1249
2595	2345	1158	462	852	335	250	481	1567
13	3			1	2	10	19	22
13	3			1	2	10	19	22
1426	1161	474	176	461	226	265	286	1332
255	215	97	34	95	23	40	48	290
270	238	94	27	82	62	32	100	297
106	80	45	20	27	8	26	14	64

系统及单位 System and unit	在职职工 总　计 Regular staff total	其中: 女性 Of which: Female
武汉植物园 Wuhan Botanical Garden	232	91
水生生物研究所 Inst. of Hydrobiology	293	85
武汉病毒研究所 Wuhan Inst. of Virology	181	75
国家科学图书馆武汉分馆(筹) The Wuhan Branch of the National Science Library	95	33
武汉分院 Wuhan Branch	118	41
其中: 分院机关 Of which: Branch Office	118	41
广东省、湖南省 Guangdong and Hunan Provinces	1762	592
广州地球化学研究所 Guangzhou Inst. of Geochemistry	302	89
南海海洋研究所 South China Sea Inst. of Oceanology	406	100
华南植物园 South China Botanical Garden	374	141
广州生物医药与健康研究院 Guangzhou Inst. of Biomedicine and Health	269	122
广州能源研究所 Guangzhou Inst. of Energy Conversion	241	82
亚热带农业生态研究所 Inst. of Subtropical Agriculture	123	43
广州分院 Guangzhou Branch	47	15
其中: 分院机关 Of which: Branch Office	47	15
四川省 Sichuan Province	1965	600
成都山地灾害与环境研究所 Chengdu Inst. of Mountain Hazards and Environment	243	82

续表 3-2

干部 Cadres							工人 Workers	离、退休人员总数 Total retired personnel
合计 Total	专业技术人员 Professional and technical staff					行政管理人员 Administrative staff		
	小计 Subtotal	高级 Senior	其中：正高级 Of which: Full professorship	中级 Middle level	初级及未定 Junior and others			
188	166	57	22	65	44	22	44	118
251	212	101	43	85	26	39	42	224
168	141	51	22	44	46	27	13	141
94	87	23	8	50	14	7	1	55
94	22	6		13	3	72	24	143
94	22	6		13	3	72	24	143
1549	1308	530	222	430	348	241	213	1229
289	233	140	57	84	9	56	13	300
355	303	140	60	122	41	52	51	363
290	244	95	37	83	66	46	84	314
244	219	33	23	45	141	25	25	
221	197	75	23	63	59	24	20	141
108	95	42	18	29	24	13	15	73
42	17	5	4	4	8	25	5	38
42	17	5	4	4	8	25	5	38
1466	1221	436	153	475	310	245	499	1848
223	180	80	36	67	33	43	20	184

系统及单位 System and unit	在职职工 总　计 Regular staff total	其中: 女性 Of which: Female
成都生物研究所 Chengdu Inst. of Biology	321	122
光电技术研究所 Inst. of Optics and Electronics	1217	321
国家科学图书馆成都分馆(筹) The Chengdu Branch of the National Science Library	78	38
成都分院 Chengdu Branch	106	37
其中: 分院机关 Of which: Branch Office	106	37
云南省、贵州省 Yunnan and Guizhou Provinces	1295	478
地球化学研究所 Inst. of Geochemistry	293	86
昆明植物研究所 Kunming Inst. of Botany	348	135
西双版纳热带植物园 Xishuangbanna Tropical Botanical Garden	319	117
昆明动物研究所 Kunming Inst. of Zoology	296	127
昆明分院 Kunming Branch	39	13
其中: 分院机关 Of which: Branch Office	39	13
陕西省 Shaanxi Province	1325	357
地球环境研究所 Inst. of Earth Environment	75	17
西安光学精密机械研究所 Xi'an Inst. of Optics and Precision Mechanics	759	208
国家授时中心 National Time Service Center	471	118
西安分院 Xi'an Branch	20	14
其中: 分院机关 Of which: Branch Office	20	6

续表 3-2

合计 Total	干部 Cadres						工人 Workers	离、退休人员总数 Total retired personnel
	专业技术人员 Professional and technical staff					行政管理人员 Adminis-trative staff		
	小计 Subtotal	高级 Senior	其中：正高级 Of which: Full professorship	中级 Middle level	初级及未定 Junior and others			
293	241	101	44	95	45	52	28	251
790	710	229	64	277	204	80	427	1154
76	62	20	6	20	22	14	2	49
84	28	6	3	16	6	56	22	210
84	28	6	3	16	6	56	22	210
1142	961	339	131	333	289	181	153	946
262	209	122	43	74	13	53	31	250
322	285	103	44	114	68	37	26	255
267	223	56	18	63	104	44	52	228
260	242	58	26	80	104	18	36	149
31	2			2		29	8	64
31	2			2		29	8	64
943	797	241	94	332	227	146	382	1053
75	68	31	18	20	17	7		13
573	517	151	49	239	127	56	186	634
279	211	59	27	69	83	68	192	373
16	1			1		15	4	33
16	1			1		15	4	33

系统及单位 System and unit	在职职工 总　计 Regular staff total	其中: 女性 Of which: Female
甘肃省、青海省 Gansu and Qinghai Provinces	2368	724
近代物理研究所 Inst. of Modern Physics	599	142
兰州化学物理研究所 Lanzhou Inst. of Chemical Physics	489	172
寒区旱区环境与工程研究所 Cold and Arid Regions Environmental and Engineering Research Inst.	583	147
青海盐湖研究所 Qinghai Inst. of Saline Lakes	218	72
西北高原生物研究所 Northwest Inst. of Plateau Biology	156	44
国家科学图书馆兰州分馆(筹) The Lanzhou Branch of the National Science Library	105	51
兰州分院 Lanzhou Branch	218	96
其中: 分院机关 Of which: Branch Office	218	96
新疆维吾尔自治区 Xinjiang Uygur Autonomous Region	757	288
新疆理化技术研究所 Xinjiang Technical Inst. of Physics and Chemistry	290	113
新疆生态与地理研究所 Xinjiang Inst. of Ecology and Geography	306	104
新疆分院 Xinjiang Branch	161	71
其中: 分院机关 Of which: Branch Office	161	71

续表 3-2

干部 Cadres							工人 Workers	离、退休人员总数 Total retired personnel
合计 Total	专业技术人员 Professional and technical staff					行政管理人员 Adminis-trative staff		
	小计 Subtotal	高级 Senior	其中：正高级 Of which: Full professorship	中级 Middle level	初级及未定 Junior and others			
2073	1779	696	261	667	416	294	295	2062
544	494	157	61	195	142	50	55	555
434	395	174	66	125	96	39	55	399
519	445	194	79	174	77	74	64	442
179	148	60	23	45	43	31	39	257
141	119	60	23	32	27	22	15	143
91	80	27	9	34	19	11	14	67
165	98	24		62	12	67	53	199
165	98	24		62	12	67	53	199
639	533	219	52	243	71	106	118	492
253	228	102	21	96	30	25	37	141
280	244	105	28	117	22	36	26	172
106	61	12	3	30	19	45	55	179
106	61	12	3	30	19	45	55	179

3-3 事业单位在职职工年龄情况(2008 年)

Age Distribution of CAS Regular Staff: 2008

单位：人 (person)

	合 计 Total	30 岁及以下 Under 30	31~35 岁 31~35	36~40 岁 36~40	41~45 岁 41~45	46~50 岁 46~50	51~55 岁 51~55	其中：女性 Of which: Female	56~60 岁 56~60	60 岁以上 60 and above
正式职工总数 Total regular staff	**50340**	**11186**	**7262**	**6422**	**8747**	**5727**	**6944**	**2084**	**3417**	**635**
科研机构 Research units	42558	9977	6247	5371	7344	4674	5674	1727	2768	503
学校及公共支撑机构 Universities and public supporting organizations	6197	1074	881	863	1088	814	913	227	446	118
管理机构 Management organizations	1585	135	134	188	315	239	357	130	203	14
专业技术人员 Various kinds of professional staff	**37623**	**10313**	**6656**	**5066**	**6440**	**3417**	**3653**	**1419**	**1476**	**602**
科研机构 Research units	32637	9249	5782	4322	5529	2879	3125	1205	1273	478
学校及公共支撑机构 Universities and public supporting organizations	4516	1016	809	676	799	474	445	168	181	116
管理机构 Management organizations	470	48	65	68	112	64	83	46	22	8
高级职称 Senior professionals	**14772**	**215**	**2067**	**2837**	**4209**	**1953**	**1942**	**594**	**958**	**591**
科研机构 Research units	12827	189	1861	2539	3686	1654	1635	499	797	466
学校及公共支撑机构 Universities and public supporting organizations	1759	24	194	278	465	264	268	79	149	117
管理机构 Management organizations	186	2	12	20	58	35	39	16	12	8

续表 3-3

	合 计 Total	30 岁及以下 Under 30	31~35 岁 31~35	36~40 岁 36~40	41~45 岁 41~45	46~50 岁 46~50	51~55 岁 51~55	其中:女性 Of which: Female	56~60 岁 56~60	60 岁以上 60 and above
正高级 Full professorship	**5611**	**10**	**238**	**884**	**2025**	**944**	**642**	**101**	**291**	**577**
科研机构 Research units	4899	9	214	809	1815	810	535	83	254	453
学校及公共支撑机构 Universities and public supporting organizations	653	1	24	75	185	122	96	16	34	116
管理机构 Management organizations	59				25	12	11	2	3	8
中级职称 Middle level professionals	**13903**	**3676**	**3692**	**1724**	**1728**	**1141**	**1460**	**723**	**471**	**11**
科研机构 Research units	12150	3411	3262	1383	1413	960	1278	620	432	11
学校及公共支撑机构 Universities and public supporting organizations	1546	247	394	303	268	159	146	80	29	
管理机构 Management organizations	207	18	36	38	47	22	36	23	10	

3-4 事业单位在职职工学位和学历情况(2008 年)
CAS Regular Staff, by Academic Degree and Qualification: 2008

单位：人 (person)

	学位 Academic degrees			学历 Academic qualification				
	博士 Ph.D.	硕士 MS	学士 Bachelor	研究生 Post graduates	大学 University graduates	大专 Specialized higher school graduates	中专 Specialized secondary school graduates	其他 Others
总计 Total	**11571**	**9115**	**8048**	**20858**	**12927**	**6452**	**1471**	**8632**
科研机构 Research units	10420	7768	6475	18329	10307	5283	1253	7386
数学、物理 Mathematics & physics	2166	1336	1243	3510	2351	1210	251	1788
化学与化工 Chemistry & chemical engineering	1624	995	1094	2648	1497	670	140	1044
地学 Earth sciences	1932	710	713	2684	1207	797	148	838
生物学 Biological sciences	2258	1602	1256	3892	1879	938	272	1212
技术科学 Technological sciences	2364	3078	2147	5464	3333	1651	440	2499
其他 Others	76	47	22	131	40	17	2	5
学校及公共支撑机构 Universities and public supporting organizations	1014	1187	1304	2239	2024	838	153	943
管理机构 Management organizations	137	160	269	290	596	331	65	303

主要统计指标解释

1. 事业单位在职职工

指由本机构直接组织安排工作并支付工资的年末在册各类人员。不包括离退休人员。

2. 专业技术人员

指聘任了专业技术职务或专业技术职务见习期内的人员。

高级: 指研究员、副研究员；教授、副教授；高级工程师；高级农艺师；正、副主任医(药、护、技)师；高级实验师；高级统计师；高级经济师；高级会计师；正、副编审；正、副译审；高级(主任)记者；正、副研究馆员等。

中级: 指助理研究员；讲师；工程师；农艺师；主治医(药、护、技)师；实验师；统计师；经济师；会计师；编辑；翻译；记者；馆员等。

初级: 指研究实习员；助教；助理工程师、技术员；助理农艺师、农业技术员；医(药、护、技)师、医(药、护、技)士；助理实验师、实验员；助理统计师、统计员；助理经济师；助理会计师、会计员；助理编辑、见习编辑；助理翻译；助理记者；助理馆员、管理员等。

3. 离、退休人员总数

指历年由本机构离、退休，并在本机构领取离、退休费的人员。

4. 学位和学历

指由人事部门或干部部门根据国家有关规定，填报的本机构职工总数中人员的学位和学历情况(均指获得的最高学位和最高学历)。

Explanatory Notes on Key Indicators

1. Regular staff

Regular staff refers to persons who are on the year-end payroll, working directly under the management of an institution or unit and receiving remuneration for their work. The retired are not included.

2. Professional and technical staff

This refers to those who have acquired professional or technical titles or who are in the probation period of those titles.

Senior: research fellow and associate research fellow, professor and associate professor, senior engineer, senior agronomist, chief (and associate chief) physician (pharmacist, nurse and technician), senior laboratorian, senior statistician, senior economist, senior accountant, senior editor and associate senior editor, translation editor and associate translation editor, senior journalist, senior librarian and associate librarian, and so on.

Middle level: research associate, lecturer, engineer, agronomist, physician (pharmacist, nurse and technician) in charge, laboratorian, statistician, economist, accountant, editor, translator, journalist, librarian, and so on.

Junior: research assistant, teaching assistant, assistant engineer, technician, assistant agronomist, agrotechnician, physician (pharmacist, nurse and technician), assistant laboratorian, laboratory technician, assistant physician (pharmacist, nurse and technician), assistant statistician, statistical clerk, assistant economist, assistant accountant, accounting clerk, assistant editor, intership,assistant translator, assistant journalist, library assistant, library clerk, and so on.

3. Total retired personnel

Total retired personnel refers to the total number of staff who retired from CAS and draw their pension from CAS.

4. Academic degrees and qualifications

This heading reflects the basic status of academic degrees and qualifications of the staff in a particular institution or unit, compiled by the personnel department according to relevant state regulations, and only the highest academic degrees and qualifications are recorded.

四、经　费

FUNDS

4-1 事业单位总收入、支出情况

Total Income and Expenditure of CAS Institutions

单位: 万元 (ten thousand yuan)

年 份 Year	总收入 Total income	比上年增长(%) Percentage of increase to that of last year	总支出 Total expenditure	比上年增长(%) Percentage of increase to that of last year
1986	89572	—	87591	13
1987	101817	13.7	93382	6.6
1988	126570	24.3	104103	11.5
1989	131026	3.5	115530	11
1990	149252	13.9	132041	14.3
1991	151004	1.2	145579	10.3
1992	188906	25.1	191372	31.5
1993	240277	27.2	237560	24.1
1994	290668	21	277266	16.7
1995	322500	11	313395	13
1996	324959	0.8	330587	5.5
1997	408797	25.8	364661	10.3
1998	493598	20.7	367110	0.7
1999	545206	10.5	426170	16.1
2000	713798	30.9	572464	34.3
2001	806083	12.9	696939	21.7
2002	1007421	25	877392	25.9
2003	977810	-2.9	990997	13
2004	1221649	24.9	1115258	12.5
2005	1275183	4.4	1241790	11.3
2006	1455250	14.1	1310501	5.5
2007	1703971	17.1	1574835	20.2
2008	2115483	24.2	1837346	16.7

注: 1. 表 4 以中国科学院财务决算口径统计。

Note: Table 4 is based on the specifications for CAS final financial accounts.

2. 1997 年起开始执行国家颁布的“科学事业单位财务制度”。

Since 1997, the “Financial System for Scientific Institutions” issued by the State has been implemented.

3. “总收入”不包括基本建设投资、教育事业费收入。

“The total income” does not include the investment of capital construction and education income.

4. 自 2001 年起，事业单位总收入和总支出中包括转制单位的财政补助收入及支出。

Since 2001, the total income and expenditure of CAS scientific institutions has included the financial subsidiary income and expenditure of these transfered institutions.

4-2 事业单位总

Total Income of

单位：万元

系统及单位 System and unit	合计 Total	财政补助收入 Financial subsidiary income	拨入专款 Special funds allocated
总计 Total	**2115483**	**1245782**	**37731**
一、按系统分 By system			
(一) 科研机构 Research units	1829622	1078440	33280
数学、物理 Mathematics & physics	357420	254159	4961
化学与化工 Chemistry & chemical engineering	281715	168020	1356
地学 Earth sciences	268555	168930	14940
生物学 Biological sciences	328575	212235	5962
技术科学 Technological sciences	586665	270202	5855
其他 Others	6692	4894	206
(二) 学校及公共支撑机构 Universities and public supporting organizations	187604	72523	1091
技术支撑 Technical supporting organizations	37914	8181	2
学校 Universities	110867	43494	819
文献情报、新闻出版 Documentation, information & publication	23620	15609	270
服务与福利 Service & welfare	15203	5239	
(三) 管理机构 Management organizations	88020	84677	3323
中国科学院本部 CAS Headquarters	63918	68556	1979
地区管理部门 CAS Branches	24102	16121	1344
(四) 其他 Others	10237	10141	38

收入情况(2008 年)
CAS Institutions: 2008

(ten thousand yuan)

事业收入 Operating income	科研收入 Scientific research income	技术收入 Technical income	试制产品收入 Income from trial-production of products	预算外资金收入 Income from non-budgetary funds	经营收入 Business income	其他收入 Other income
725076	**601070**	**66067**	**33274**	**12005**	**34512**	**72382**
643115	536521	62353	33260	1093	31662	43122
82501	75694	4554		962	8402	7398
101667	74025	25370	1496	100	1398	9274
80928	75012	5323		10	1974	1782
103811	88339	9478	27		767	5798
272688	221939	17623	31737	21	19082	18837
1520	1512	5			39	33
79171	63669	3576	14	9129	1879	32941
28987	27462	1441				744
41703	32649	1170	14	7870	1474	23376
7222	3558	965			291	230
1259				1259	114	8591
2794	874	137		1784	966	-3742
823	823					-7439
1971	51	137		1784	966	3697
						60

系统及单位 System and unit	合 计 Total	财政补助收 入 Financial subsidiary income	拨入专款 Special funds allocated
二、按科研单位分 By institute			
北京市 Beijing	756936	454212	10800
数学与系统科学研究院 Academy of Mathematics and Systems Science	12932	9554	375
物理研究所 Inst. of Physics	24417	13714	694
声学研究所 Inst. of Acoustics	34243	17710	46
理论物理研究所 Inst. of Theoretical Physics	3702	2336	47
理化技术研究所 Technical Inst. of Physics and Chemistry	28918	20317	54
高能物理研究所 Inst. of High Energy Physics	42514	29947	2643
国家天文台 National Astronomical Observatories of China	33614	27203	283
力学研究所 Inst. of Mechanics	24185	16076	360
化学研究所 Inst. of Chemistry	25071	16823	147
生态环境研究中心 Research Center for Eco-Environmental Sciences	21847	12652	355
国家纳米科学中心 National Center for Nano Science and Technology of China	6121	4045	1
过程工程研究所 Inst. of Process Engineering	27171	22655	43
地理科学与资源研究所 Inst. of Geographical Sciences and Natural Resources Research	28686	17818	943
青藏高原研究所 Inst. of Qinghai-Tibet Plateau	4040	2417	18
遥感应用研究所 Inst. of Remote Sensing Application	16172	7835	264
地质与地球物理研究所 Inst. of Geology and Geophysics	29571	16466	707

续表 4-2

事业收入 Operating income	科研收入 Scientific research income	技术收入 Technical income	试制产品收入 Income from trial-production of products	预算外资金收入 Income from non-budgetary funds	经营收入 Business income	其他收入 Other income
260339	226351	18394	12569	2	18037	13546
2957	2768					47
9319	8384	389			394	297
14551	14513	35		2	1870	67
619	601					700
7048	4921	2128			1391	107
8070	7460	516			1474	380
5870	5870				105	153
5625	5620				120	2004
7749	7109	627	13			352
8710	7179	1531				130
2076	2076					
4250	4018	135	65		90	132
9646	9646				94	185
1207	1207					398
7694	7579				379	
12169	12169					228

系统及单位 System and unit	合 计 Total	财政补助收 入 Financial subsidiary income	拨入专款 Special funds allocated
古脊椎动物与古人类研究所 Inst. of Vertebrate Paleontology and Paleoanthropology	4672	3144	128
大气物理研究所 Inst. of Atmospheric Physics	21685	14748	313
植物研究所 Inst. of Botany	21526	15003	662
动物研究所 Inst. of Zoology	17584	13211	339
心理研究所 Inst. of Psychology	7469	3221	143
微生物研究所 Inst. of Microbiology	16129	10605	72
生物物理研究所 Inst. of Biophysics	32715	22741	430
遗传与发育生物学研究所 Inst. of Genetics and Developmental Biology	26988	16947	472
北京基因组研究所 Beijing Inst. of Genomics	8256	6581	1
计算技术研究所 Inst. of Computing Technology	28611	15300	85
软件研究所 Inst. of Software	16516	9717	21
半导体研究所 Inst. of Semiconductors	23997	12399	51
微电子研究所 Inst. of Microelectronics	17170	7315	485
电子学研究所 Inst. of Electronics	43478	14467	31
光电研究院 Institutes of Optoelectronics	11677	4401	
自动化研究所 Inst. of Automation	17051	8624	133
电工研究所 Inst. of Electric Engineering	16778	8764	7
工程热物理研究所 Inst. of Engineering Thermophysics	7738	3816	27

续表 4-2

事业收入 Operating income					经营收入 Business income	其他收入 Other income
	科研收入 Scientific research income	技术收入 Technical income	试制产品收入 Income from trial-production of products	预算外资金收入 Income from non-budgetary funds		
1269	1141				99	32
6287	5814	427			336	
5794	5339	18				67
3948	3678	9			35	51
4104	2266	1668				
5452	4639	545				
8872	7952	756			24	648
9453	9426		27		116	
1666	1345	313				8
10070	8191	1596				3156
5185	4922	125			667	926
9058	8808	250			1310	1179
2822	2545	277			6528	20
28676	14239	1856	12464		301	2
7276	7276					
7042	7042				895	357
7514	7514				334	159
3636	3636				259	

系统及单位 System and unit	合 计 Total	财政补助收入 Financial subsidiary income	拨入专款 Special funds allocated
空间科学与应用研究中心 Center for Space Science and Applied Research	29218	10556	211
自然科学史研究所 Inst. of History of Natural Sciences	2068	1810	93
科技政策与管理科学研究所 Inst. of Policy and Management	4624	3084	113
对地观测与数字地球科学中心 Center for Earth Observation and Digital Earth	17782	10190	3
山西省 Shanxi Province	20215	10211	8
山西煤炭化学研究所 Shanxi Inst. of Coal Chemistry	20215	10211	8
辽宁省、山东省 Liaoning and Shandong Provinces	170463	81972	10355
大连化学物理研究所 Dalian Inst. of Chemical Physics	50443	20872	252
沈阳应用生态研究所 Shenyang Inst. of Applied Ecology	9769	6492	128
沈阳自动化研究所 Shenyang Inst. of Automation	29711	9725	67
金属研究所 Inst. of Metals Research	39711	21116	18
海洋研究所 Inst. of Oceanology	40829	23767	9890
吉林省 Jilin Province	113973	59902	343
长春应用化学研究所 Changchun Inst. of Applied Chemistry	28861	19880	219
东北地理与农业生态研究所 Northeast Inst. of Geography and Agricultural Ecology	5983	4748	37
长春光学精密机械与物理研究所 Changchun Inst. of Optics, Fine Mechanics and Physics	79129	35274	87
上海市、福建省、浙江省 Shanghai, Fujian Province, and Zhejiang Province	298039	164550	895
上海应用物理研究所 Shanghai Inst. of Applied Physics	19979	16964	93

续表 4-2

事业收入 Operating income					经营收入 Business income	其他收入 Other income
	科研收入 Scientific research income	技术收入 Technical income	试制产品收入 Income from trial-production of products	预算外资金收入 Income from non-budgetary funds		
17206	17206				1143	102
130	122	5			26	9
1390	1390				13	24
5929	740	5188			34	1626
6110	5269	801			175	3710
6110	5269	801			175	3710
71181	38208	18998	13421		214	6741
28265	13994	13276	832		171	883
3091	2669	159				59
14466	8306	2267	3859			5453
18238	6260	3155	8730			338
7121	6979	141			43	8
53064	52489	194		128	252	412
8762	8562			100		
1188	959	194		10		10
43114	42968			18	252	402
117037	92933	15676	7170		7524	8034
2267	1851	384			601	53

系统及单位 System and unit	合 计 Total	财政补助 收 入 Financial subsidiary income	拨入专款 Special funds allocated
上海天文台 Shanghai Observatory	12041	8266	6
上海硅酸盐研究所 Shanghai Inst. of Ceramics	36211	15039	69
上海有机化学研究所 Shanghai Inst. of Organic Chemistry	24831	15030	93
上海生命科学研究院 Shanghai Institutes for Biological Sciences	61876	38132	158
上海微系统与信息技术研究所 Shanghai Inst. of Microsystem and Information Technology	35032	13874	64
上海光学精密机械研究所 Shanghai Inst. of Optics and Fine Mechanics	25871	15917	92
上海技术物理研究所 Shanghai Inst. of Technical Physics	38483	14835	121
上海药物研究所 Shanghai Inst. of Materia Medica	17861	8726	13
福建物质结构研究所 Fujian Inst. of Research on the Structure of Matter	20708	14698	128
宁波材料技术与工程研究所 Ningbo Inst. of Material Technology and Engineering	5146	3069	58
江苏省 Jiangsu Province	55713	41388	224
紫金山天文台 Purple Mountain Observatory	18249	15015	29
南京地理与湖泊研究所 Nanjing Inst. of Geography and Limnology	11563	7923	54
南京地质古生物研究所 Nanjing Inst. of Geology and Palaeontology	10090	7120	68
南京土壤研究所 Nanjing Inst. of Soil Science	15811	11330	73
安徽省 Anhui Province	44190	31257	260
合肥物质科学研究院 Hefei Institutes of Physical Sciences	44190	31257	260
湖北省 Hubei Province	49694	31263	94

事业收入 Operating income					经营收入 Business income	其他收入 Other income
	科研收入 Scientific research income	技术收入 Technical income	试制产品收入 Income from trial-production of products	预算外资金收入 Income from non-budgetary funds		
3546	3543				72	151
19876	16401	3405			430	798
9031	3286	4944	586		209	469
22132	20247	1456				1454
15205	9148	703	5353		5053	836
9107	7977	766			734	20
21436	19513	691	1231		283	1808
8820	5888	2811				302
3649	3161	466			142	2091
1968	1918	50				52
12463	11893	73			411	1226
2639	2335				46	520
3018	3004					568
2553	2375	73			269	80
4253	4179				96	58
8265	6260	1089		855	2282	2126
8265	6260	1089		855	2282	2126
17416	15723	943				920

系统及单位 System and unit	合 计 Total	财政补助收 入 Financial subsidiary income	拨入专款 Special funds allocated
武汉物理与数学研究所 Wuhan Inst. of Physics and Mathematics	9585	6574	19
武汉岩土力学研究所 Wuhan Inst. of Rock and Soil Mechanics	12216	6011	16
测量与地球物理研究所 Inst. of Geodesy and Geophysics	2610	1861	2
武汉植物园 Wuhan Botanical Garden	6293	3526	8
水生生物研究所 Inst. of Hydrobiology	13551	8847	41
武汉病毒研究所 Wuhan Inst. of Virology	5439	4444	8
广东省、湖南省 Guangdong and Hunan Provinces	78207	45278	7820
广州地球化学研究所 Guangzhou Inst. of Geochemistry	15915	9848	817
南海海洋研究所 South China Sea Inst. of Oceanology	21196	11049	1268
华南植物园 South China Botanical Garden	11476	7803	1203
广州能源研究所 Guangzhou Inst. of Energy Conversion	18735	9997	4208
广州生物医药与健康研究院 Guangzhou Inst. of Biomedicine and Health	6150	3759	321
亚热带农业生态研究所 Inst. of Subtropical Agriculture	4735	2822	3
四川省 Sichuan Province	72709	31092	98
成都山地灾害与环境研究所 Chengdu Inst. of Mountain Hazards and Environment	7752	4716	46
成都生物研究所 Chengdu Inst. of Biology	8445	5363	22
光电技术研究所 Inst. of Optics and Electronics	56512	21013	30
云南省、贵州省 Yunnan and Guizhou Provinces	42898	27613	2062

事业收入 Operating income	科研收入 Scientific research income	技术收入 Technical income	试制产品收入 Income from trial-production of products	预算外资金收入 Income from non-budgetary funds	经营收入 Business income	其他收入 Other income
2539	2501					452
6149	6149					40
667	667					81
2641	1062	902				118
4532	4478	26				131
888	866	15				98
21941	16865	4344			789	2379
4976	4965				274	
8857	4596	4235			14	8
2004	1335	103			357	108
3210	3089	6			144	1177
2069	2069					
825	811					1086
38309	37584	725			398	2811
2849	2849					140
1613	1581	32				1447
33847	33154	693			398	1224
13030	9689	831			62	133

系统及单位 System and unit	合 计 Total	财政补助收 入 Financial subsidiary income	拨入专款 Special funds allocated
昆明植物研究所 Kunming Inst. of Botany	11887	7700	606
昆明动物研究所 Kunming Inst. of Zoology	10548	6836	202
西双版纳热带植物园 Xishuangbanna Tropical Botanical Garden	9333	4631	1042
地球化学研究所 Inst. of Geochemistry	11130	8446	212
陕西省 Shaanxi Province	43105	32148	66
西安光学精密机械研究所 Xi'an Inst. of Optics and Precision Mechanics	28319	19833	56
地球环境研究所 Inst. of Earth Environment	5281	3985	7
国家授时中心 National Time Service Center	9505	8330	3
甘肃省、青海省 Gansu and Qinghai Provinces	70459	57445	231
近代物理研究所 Inst. of Modern Physics	22568	20715	29
兰州化学物理研究所 Lanzhou Inst. of Chemical Physics	14891	12115	31
寒区旱区环境与工程研究所 Cold and Arid Regions Environmental and Engineering Research Inst.	20844	15500	143
青海盐湖研究所 Qinghai Inst. of Saline Lakes	5345	4000	10
西北高原生物研究所 Northwest Inst. of Plateau Biology	4734	3515	15
兰州地质研究所 Lanzhou Inst. of Geology	2077	1600	3
新疆维吾尔自治区 Xinjiang Uygur Autonomous Region	13021	10109	24
新疆理化技术研究所 Xinjiang Technical Inst. of Physics and Chemistry	4562	4170	4
新疆生态与地理研究所 Xinjiang Inst. of Ecology and Geography	8459	5939	20

注：除“财政补助收入”外，其他各项收入均不含本单位转拨外单位经费。

Note: Except “the financial subsidiary income”, all other incomes do not include funds allocated by the institution

续表 4-2

事业收入 Operating income					经营收入 Business income	其他收入 Other income
	科研收入 Scientific research income	技术收入 Technical income	试制产品收入 Income from trial-production of products	预算外资金收入 Income from non-budgetary funds		
3581	3553	18				
3463	2924	348				47
3619	1041	299				42
2367	2171	166			62	44
10016	9820		100	3	747	128
7683	7487		100	3	747	
1290	1290					
1043	1043					128
11163	10761	285			771	848
1713	1699	13			47	65
2676	2468	174			61	7
4880	4799				320	
513	502	11			120	702
991	991				139	74
390	302	87			84	
2781	2676			105		108
281	176			105		108
2500	2500					

to other units.

4-3 事业单位总

Total Expenditure of

单位：万元

系统及单位 System and unit	合 计 Total	人员支出 Personnel expenditure	基本工资 Basic salary	补助工资 Subsidiary salary	其他工资 Other salaries
总 计 Total	**1837346**	**637985**	**72246**	**136283**	**101288**
一、按系统分 By system					
(一) 科研机构 Research units	1609576	564981	64246	126928	94475
数学、物理 Mathematics & physics	328674	119943	14273	27944	21036
化学与化工 Chemistry & chemical engineering	222112	81559	8235	18732	11917
地学 Earth sciences	232276	85616	10357	16107	14470
生物学 Biological sciences	291609	114406	12745	30100	15418
技术科学 Technological sciences	528815	160950	18256	33450	31171
其他 Others	6090	2507	380	595	463
(二) 学校及公共支撑机构 Universities and public supporting organizations	154852	36968	4407	5389	3947
技术支撑 Technical supporting organizations	31953	8306	600	1133	237
学校 Universities	78871	15839	1216	2582	1953
文献情报、新闻出版 Documentation, information & publication	27112	7492	1037	1665	1356
服务与福利 Service & welfare	16916	5331	1554	9	401
(三) 管理机构 Management organizations	61132	25892	3589	3882	2865
中国科学院本部 CAS Headquarters	36496	13994	1961	1926	1434
地区管理部门 CAS Branches	24636	11898	1628	1956	1431

支出情况(2008 年)
CAS Institutions: 2008

(ten thousand yuan)

社会保障费 Social security expenditure	公用支出 Public expenditure	公务费 Official business spending	业务费 Expenditure for professional activity	设备购置费 Expenditure for purchasing equipment	修缮费 Renovation fees	专款支出 Designated expenditure	经营支出 Operating expenses	结转自筹基建 Balanced and transferred self-raised capital construction funds
246016	**1112038**	**115748**	**656086**	**259019**	**68567**	**23992**	**31692**	**31640**
212546	968823	98859	585802	223881	53188	21750	28952	25057
44787	193633	18179	95640	66802	11548	3179	7749	4173
31089	131360	13452	75003	33224	9011	1331	1082	6771
34750	137290	12815	89979	28418	5320	5911	1971	1488
38938	166219	15923	94646	41998	12232	6706	759	3520
62051	336975	37755	228253	53229	15010	4424	17354	9105
931	3346	735	2281	210	67	199	37	
12260	108706	14398	49978	32104	10942	1022	1815	6342
2082	22903	886	18476	2173	1360	1		742
4812	60857	11419	25673	17876	4667	753	1422	
3040	18766	1669	4941	11932	199	268	289	300
2326	6180	424	888	123	4716		104	5300
11514	32896	2419	19426	2832	4005	1182	920	239
5035	22311		16385	707	1069	192		
6479	10585	2419	3041	2125	2936	990	920	239

系统及单位 System and unit	合计 Total	人员支出 Personnel expenditure	基本工资 Basic salary	补助工资 Subsidiary salary	其他工资 Other salaries
(四) 其　他 Others	11786	10130		81	1
二、按科研单位分 By institute					
北京市 Beijing	650573	236329	24205	44143	51436
数学与系统科学研究院 Academy of Mathematics and Systems Science	11768	6172	610	1446	1371
物理研究所 Inst. of Physics	25362	9620	910	1607	2204
声学研究所 Inst. of Acoustics	31842	9554	1028	1641	2493
理论物理研究所 Inst. of Theoretical Physics	3770	1163	129	269	235
理化技术研究所 Technical Inst. of Physics and Chemistry	21080	6799	656	1075	1343
高能物理研究所 Inst. of High Energy Physics	42026	14549	1824	3711	1831
国家天文台 National Astronomical Observatories of China	28755	11276	1098	2752	3055
力学研究所 Inst. of Mechanics	14094	6096	600	1054	948
化学研究所 Inst. of Chemistry	20276	9310	867	1188	1818
生态环境研究中心 Research Center for Eco-Environmental Sciences	17654	5410	605	1787	110
国家纳米科学中心 National Center for Nano Science and Technology of China	5524	1415	129	341	352
过程工程研究所 Inst. of Processing Engineering	12127	5521	459	893	1160
地理科学与资源研究所 Inst. of Geographical Sciences and Natural Resources Research	28643	9931	1023	1726	2643
青藏高原研究所 Inst. of Qinghai-Tibet Plateau	3879	1324	173	387	413
遥感应用研究所 Inst. of Remote Sensing Application	12675	3429	322	522	1382

社会保障费 Social security expenditure	公用支出 Public expenditure	公务费 Official business spending	业务费 Expenditure for professional activity	设备购置费 Expenditure for purchasing equipment	修缮费 Renovation fees	专款支出 Designated expenditure	经营支出 Operating expenses	结转自筹基建 Balanced and transferred self-raised capital construction funds
9695	1619	69	881	205	435	38		
87419	381723	35055	240269	83616	18756	8381	16010	8121
1878	5397	65	4386	636	307	199		
3038	14981	774	7101	6567	534	550	213	
3623	20855	1208	11413	7367	863	84	1350	
348	2556	357	1196	286	17	50		
2734	9021	473	6204	1952	392	23	1538	3699
6109	24903	4553	11862	7596	892	1095	1477	
3727	17019	667	9585	4588	2153	366	94	
3012	7513	826	4266	2108	272	360	96	
3589	10818	1797	5547	3058	416	147		
1701	11932	1566	7887	2356	123	312		
284	4108	856	809	1401	730	1		
2281	6204	821	2926	2195	262	11	90	300
3317	17820	850	15679	1086	195	793	100	
180	2547	565	1533	395	54	9		
683	8688	464	7124	736	364	179	378	

系统及单位 System and unit	合 计 Total	人员支出 Personnel expenditure	基本工资 Basic salary	补助工资 Subsidiary salary	其他工资 Other salaries
地质与地球物理研究所 Inst. of Geology and Geophysics	29914	9533	1526	1277	1635
古脊椎动物与古人类研究所 Inst. of Vertebrate Paleontology and Paleoanthropology	4680	2432	277	512	245
大气物理研究所 Inst. of Atmospheric Physics	19994	7717	639	1192	1083
植物研究所 Inst. of Botany	18418	8047	860	1537	1860
动物研究所 Inst. of Zoology	18038	6369	540	1344	1468
心理研究所 Inst. of Psychology	6834	2307	232	507	473
微生物研究所 Inst. of Microbiology	14725	5862	553	1369	932
生物物理研究所 Inst. of Biophysics	20400	6209	535	1176	1108
遗传与发育生物学研究所 Inst. of Genetics and Developmental Biology	22844	8481	849	1874	693
北京基因组研究所 Beijing Inst. of Genomics	5082	2110	391	243	498
计算技术研究所 Inst. of Computing Technology	24726	12955	1212	1538	3222
软件研究所 Inst. of Software	12121	4293	570	818	1218
半导体研究所 Inst. of Semiconductors	22971	9090	922	1281	1888
微电子研究所 Inst. of Microelectronics	17051	5064	562	1117	327
电子学研究所 Inst. of Electronics	38224	12054	869	1774	4771
光电研究院 Inst. of Optoelectronics	10199	2887	405	873	721
自动化研究所 Inst. of Automation	17554	6646	715	1325	1653
电工研究所 Inst. of Electric Engineering	14729	6101	486	1149	929
工程热物理研究所 Inst. of Engineering Thermophysics	7115	2599	303	513	488

社会保障费 Social security expenditure	公用支出 Public expenditure	公务费 Official business spending	业务费 Expenditure for professional activity	设备购置费 Expenditure for purchasing equipment	修缮费 Renovation fees	专款支出 Designated expenditure	经营支出 Operating expenses	结转自筹基建 Balanced and transferred self-raised capital construction funds
2641	19425	1784	11919	5330	392	707		248
1219	2017	564	753	665	34	134	99	
4068	11399	742	7124	3134	399	323	335	220
2892	9502	1007	5775	1852	658	668		200
2003	11302	371	7209	2130	1585	332	35	
668	4370	458	2704	1083	99	126		30
2395	8782	507	5374	2350	435	80		
2486	13793	2781	7766	2298	899	376	24	
2783	13783	708	8183	4480	292	472	107	
455	2971	664	1488	694	125	1		
6452	11238	2448	7363	900	521	32		500
1602	7636	1589	4746	862	436	12	178	
3348	12788	648	7636	2996	1399	14	793	283
2586	5048	465	2385	1905	232	485	6452	
4176	24977	541	18695	4571	1093	28	67	1099
692	7311	701	6263	325	20			
2246	9971	618	7735	1012	606	42	895	
2502	8411	254	6174	1030	331	7	211	
1008	4257	508	3235	403	111	16	243	

系统及单位 System and unit	合 计 Total	人员支出 Personnel expenditure	基本工资 Basic salary	补助工资 Subsidiary salary	其他工资 Other salaries
空间科学与应用研究中心 Center for Space Science and Applied Research	26350	8127	572	1015	2968
自然科学史研究所 Inst. of History of Natural Sciences	2038	1141	165	242	169
科技政策与管理科学研究所 Inst. of Policy and Management	4052	1366	215	353	294
对地观测与数字地球科学中心 Center for Earth Observation and Digital Earth	13039	3370	374	715	1435
山西省 Shanxi Province	20255	5403	525	1436	604
山西煤炭化学研究所 Shanxi Inst. of Coal Chemistry	20255	5403	525	1436	604
辽宁省、山东省 Liaoning and Shandong Provinces	140102	46360	4892	10519	6850
大连化学物理研究所 Dalian Inst. of Chemical Physics	40094	14273	1192	2466	2248
沈阳应用生态研究所 Shenyang Inst. of Applied Ecology	10120	4334	575	1116	191
沈阳自动化研究所 Shenyang Inst. of Automation	28398	5923	736	2045	752
金属研究所 Inst. of Metals Research	36084	10875	1192	2725	2240
海洋研究所 Inst. of Oceanology	25406	10955	1197	2167	1419
吉林省 Jilin Province	111029	31332	4891	6130	3732
长春应用化学研究所 Changchun Inst. of Applied Chemistry	25141	9822	1419	1704	1809
东北地理与农业生态研究所 Northeast Inst. of Geography and Agricultural Ecology	5876	3027	438	645	393
长春光学精密机械与物理研究所 Changchun Inst. of Optics，Fine Mechanics and Physics	80012	18483	3034	3781	1530
上海市、福建省、浙江省 Shanghai, Fujian Province, and Zhejiang Province	281168	86038	9612	28209	11377
上海应用物理研究所 Shanghai Inst. of Applied Physics	34026	7112	892	2640	433
上海天文台 Shanghai Observatory	8794	3305	511	868	655

社会保障费 Social security expenditure	公用支出 Public expenditure	公务费 Official business spending	业务费 Expenditure for professional activity	设备购置费 Expenditure for purchasing equipment	修缮费 Renovation fees	专款支出 Designated expenditure	经营支出 Operating expenses	结转自筹基建 Balanced and transferred self-raised capital construction funds
3159	15476	688	11991	1273	419	105	1142	1500
505	780	491	161	95	33	93	24	
426	2566	244	2120	115	34	106	13	
603	9528	432	5952	1786	1029	43	56	42
2239	10115	210	6320	2229	1253	8	82	4648
2239	10115	210	6320	2229	1253	8	82	4648
19577	88018	12692	55484	16762	2821	1765	214	3742
6412	25356	1509	17727	5838	169	293	171	
2010	5670	594	3162	1804	57	115		
1921	22409	8529	11668	1965	247	67		
3674	21447	1348	14356	3488	2213	18		3742
5560	13136	712	8571	3667	135	1272	43	
14347	79063	10849	54402	11664	2141	382	252	
3717	15056	1765	7811	3526	1954	263		
1349	2813	614	1451	592	156	35		
9281	61194	8470	45140	7546	31	84	252	
24589	180052	16312	91744	59604	11906	1128	7168	6777
2134	26282	4825	3658	17499	218	60	573	
966	5411	165	3903	1166	176	6	72	

系统及单位 System and unit	合 计 Total	人员支出 Personnel expenditure	基本工资 Basic salary	补助工资 Subsidiary salary	其他工资 Other salaries
上海硅酸盐研究所 Shanghai Inst. of Ceramics	31155	8977	951	2120	1848
上海有机化学研究所 Shanghai Inst. of Organic Chemistry	20846	8540	756	3172	682
上海生命科学研究院 Shanghai Institutes for Biological Sciences	60983	22728	2435	7807	2738
上海微系统与信息技术研究所 Shanghai Inst. of Microsystem and Information Technology	33470	6512	953	678	1928
上海光学精密机械研究所 Shanghai Inst. of Optics and Fine Mechanics	23408	7545	796	2370	1223
上海技术物理研究所 Shanghai Inst. of Technical Physics	31213	7930	1172	3134	586
上海药物研究所 Shanghai Inst. of Materia Medica	16220	6951	611	3131	408
福建物质结构研究所 Fujian Inst. of Research on the Structure of Matter	13105	5102	412	1493	730
宁波材料技术与工程研究所 Ningbo Inst. of Material Technology and Engineering	7948	1336	123	796	146
江苏省 Jiangsu Province	41582	19500	1968	4715	2422
紫金山天文台 Purple Mountain Observatory	12319	6592	881	1994	1208
南京地理与湖泊研究所 Nanjing Inst. of Geography and Limnology	9380	3172	252	598	467
南京地质古生物研究所 Nanjing Inst. of Geology and Palaeontology	7694	4033	379	641	626
南京土壤研究所 Nanjing Inst. of Soil Science	12189	5703	456	1482	121
安徽省 Anhui Province	42260	16578	2149	4413	2298
合肥物质科学研究院 Hefei Institutes of Physical Sciences	42260	16578	2149	4413	2298
湖北省 Hubei Province	43391	18467	2488	4043	3596
武汉物理与数学研究所 Wuhan Inst. of Physics and Mathematics	7440	3498	538	635	558

续表 4-3

社会保障费 Social security expenditure	公用支出 Public expenditure	公务费 Official business spending	业务费 Expenditure for professional activity	设备购置费 Expenditure for purchasing equipment	修缮费 Renovation fees	专款支出 Designated expenditure	经营支出 Operating expenses	结转自筹基建 Balanced and transferred self-raised capital construction funds
3168	21679	2664	11492	5265	2219	69	428	
2380	11112	684	7289	2449	610	60	132	1000
5580	36921	2906	18982	12201	2608	119		1215
2074	21841	1926	12963	5927	1025	64	5053	
2370	14205	1525	8719	3004	951	92	627	939
2279	21877	357	15468	3939	2113	121	283	1000
1623	7456	75	5860	796	707	13		1800
1774	7051	962	2160	2926	997	128		823
241	6217	223	1250	4432	282	396		
9339	21544	1912	11907	6082	1281	173	365	
2313	5690	814	1725	2626	419	29	7	
1580	6174	141	3683	1972	154	34		
2277	3365	804	2013	341	186	34	262	
3169	6315	153	4486	1143	522	76	96	
6333	22626	1679	13243	6163	1235	300	2282	474
6333	22626	1679	13243	6163	1235	300	2282	474
5892	24846	3688	14937	3873	2228	80		
1235	3938	472	2178	999	289	5		

系统及单位 System and unit	合 计 Total	人员支出 Personnel expenditure	基本工资 Basic salary	补助工资 Subsidiary salary	其他工资 Other salaries
武汉岩土力学研究所 Wuhan Inst. of Rock and Soil Mechanics	11031	5041	602	1127	1395
测量与地球物理研究所 Inst. of Geodesy and Geophysics	3045	1564	175	469	294
武汉植物园 Wuhan Botanical Garden	5881	2625	461	803	254
水生生物研究所 Inst. of Hydrobiology	11402	3677	450	481	884
武汉病毒研究所 Wuhan Inst. of Virology	4592	2062	262	528	211
广东省、湖南省 Guangdong and Hunan Provinces	68674	22745	2973	5950	3456
广州地球化学研究所 Guangzhou Inst. of Geochemistry	12780	5122	547	711	996
南海海洋研究所 South China Sea Inst. of Oceanology	20247	5958	724	1217	781
华南植物园 South China Botanical Garden	11297	4310	509	800	674
广州能源研究所 Guangzhou Inst. of Energy Conversion	12724	3705	694	1459	591
广州生物医药与健康研究院 Guangzhou Inst. Of Biomedicine and Health	8097	2359	256	1319	379
亚热带农业生态研究所 Inst. of Subtropical Agriculture	3529	1291	243	444	35
四川省 Sichuan Province	65056	23667	2601	4284	2518
成都山地灾害与环境研究所 Chengdu Inst. of Mountain Hazards and Environment	7257	2687	442	82	624
成都生物研究所 Chengdu Inst. of Biology	8460	3772	478	821	385
光电技术研究所 Inst. of Optics and Electronics	49339	17208	1681	3381	1509
云南省、贵州省 Yunnan and Guizhou Provinces	36433	16265	2282	3627	2039
昆明植物研究所 Kunming Inst. of Botany	11480	5513	470	915	1162
昆明动物研究所 Kunming Inst. of Zoology	8421	3261	700	557	393

社会保障费 Social security expenditure	公用支出 Public expenditure	公务费 Official business spending	业务费 Expenditure for professional activity	设备购置费 Expenditure for purchasing equipment	修缮费 Renovation fees	专款支出 Designated expenditure	经营支出 Operating expenses	结转自筹基建 Balanced and transferred self-raised capital construction funds
1376	5973	433	4134	1030	284	16		
431	1479	201	892	252	134	2		
857	3250	597	1967	187	497	8		
1218	7684	1499	4782	866	523	41		
775	2522	486	984	539	501	8		
8004	35925	5848	17744	7037	4922	7917	790	1295
2128	6628	2163	1647	1338	1423	756	274	
2804	12018	714	8271	1976	781	1235	14	1020
1708	5319	510	1785	823	2187	1088	358	224
660	6153	1844	3000	889	396	2723	144	
274	3624	593	1535	1465	31	2113		
430	2183	24	1506	546	104	2		51
9629	41122	2280	30873	5808	1511	50	217	
1152	4553	167	3485	787	114	17		
1759	4674	89	2250	1916	74	14		
6718	31895	2024	25138	3105	1323	19	217	
6098	18865	1760	11234	5331	296	1244	62	
2236	5693	1284	3019	1099	103	274		
1181	4742	277	2522	1846	94	419		

系统及单位 System and unit	合 计 Total	人员支出 Personnel expenditure	基本工资 Basic salary	补助工资 Subsidiary salary	其他工资 Other salaries
西双版纳热带植物园 Xishuangbanna Tropical Botanical Garden	8328	4343	597	1265	404
地球化学研究所 Inst. of Geochemistry	8204	3148	515	890	80
陕西省 Shaanxi Province	33698	13706	1613	1930	1878
西安光学精密机械研究所 Xi’an Inst. of Optics and Fine Mechanics	22140	8247	885	963	1046
地球环境研究所 Inst. of Earth Environment	2478	746	113	310	167
国家授时中心 National Time Service Center	9080	4713	615	657	665
甘肃省、青海省 Gansu and Qinghai Provinces	61927	23394	3178	6403	1516
近代物理研究所 Inst. of Modern Physics	20718	5968	849	1679	69
兰州化学物理研究所 Lanzhou Inst. of Chemical Physics	11480	4692	613	1428	146
寒区旱区环境与工程研究所 Cold and Arid Regions Environmental and Engineering Research Inst.	18768	6228	969	1690	607
青海盐湖研究所 Qinghai Inst. of Saline Lakes	4455	3094	307	704	410
西北高原生物研究所 Northwest Inst. of Plateau Biology	4269	2092	282	581	147
兰州地质研究所 Lanzhou Inst. of Geology	2237	1320	158	321	137
新疆维吾尔自治区 Xinjiang Uygur Autonomous Region	13428	5197	869	1126	753
新疆理化技术研究所 Xinjiang Technical Inst. of Physics and Chemistry	4309	1907	381	376	275
新疆生态与地理研究所 Xinjiang Inst. of Ecology and Geography	9119	3290	488	750	478

续表 4-3

社会保障费 Social security expenditure	公用支出 Public expenditure	公务费 Official business spending	业务费 Expenditure for professional activity	设备购置费 Expenditure for purchasing equipment	修缮费 Renovation fees	专款支出 Designated expenditure	经营支出 Operating expenses	结转自筹基建 Balanced and transferred self-raised capital construction funds
1534	3645	169	1800	1604	67	340		
1147	4785	30	3893	782	32	211	62	
6679	19186	3059	12100	3474	528	66	741	
4459	13096	2617	8376	1871	232	56	741	
82	1725	306	915	469	35	7		
2138	4365	136	2809	1134	261	3		
10616	37515	2619	21042	9945	3892	247	769	
3088	14674	732	6608	4148	3186	29	47	
2066	6692	371	4329	1784	198	35	59	
2434	12067	684	7686	3377	320	152	320	
1478	1237	247	706	197	80	4	120	
902	2018	171	1507	276	64	21	139	
648	827	414	206	163	44	6	84	
1785	8223	896	4503	2293	418	9		
735	2399		1369	937	50	4		
1050	5824	896	3134	1356	368	5		

主要统计指标解释

1. 事业单位总收入情况

财政补助收入 指单位从财政部门取得的科学事业费、房改经费。

拨入专款 指单位从没有直接部门预算管理关系的财政部门、上级单位或其他单位取得的有指定用途的专项资金，如从人事部取得的政府津贴、院士津贴。

事业收入 指单位开展专业业务活动及其辅助活动取得的收入，包括科研收入、技术收入、学术活动收入、科普活动收入、试制产品收入、预算外资金收入等。

科研收入 指单位承担科研课题(项目)和接受委托研制样品样机取得的收入，包括事业单位承担国家科研项目取得的收入，如国家“科技三项费用”项目、“国家自然科学基金”项目、“863”项目等；同时包括事业单位承担地方有关部门及企业的各类科研任务取得的收入。

技术收入 指单位对外提供技术转让、技术咨询、技术服务、技术培训、技术承包和技术开发取得的收入。

试制产品收入 指单位经过国家有关部门批准从事中间试验产品的试制取得的收入(不含科技三项费用中的中间试验费)。

预算外资金收入 指单位按照国家有关规定，为履行或代行政府职能，依据国家法律、法规和具有法律效力的规章而收取的纳入预算外资金专户管理的各种行政事业性收费等。

经营收入 指单位在专业业务活动及其辅助活动之外开展非独立核算的经营活动取得的收入，包括产品(商品)销售收入、经营服务收入、工程承包收入、租赁收入和其他经营收入。

其他收入 指单位除上述收入以外的其他收入，如投资收益、利息收入、捐赠收入、上级补助收入、附属单位缴款等。

2. 事业单位总支出情况

人员支出 指单位用各种经费开支的基本工资、补助工资、其他工资、职工福利费、社会保障费、助学金。

基本工资 主要指按国家有关规定支付给工作人员的固定工资及规定比例的津贴。

补助工资 指按国家有关规定支付给工作人员的津贴、补贴，包括各项岗位津贴、价格补贴、地方性补贴、冬季取暖补贴、夜餐补贴、职工上下班交通补贴、加班费等。

其他工资 主要指在基本工资、补助工资之外发给在职人员的属于国家规定工资总额组成范围的各种津贴、补贴。

社会保障费 指按国家有关规定支付给离退休人员的离退休金、津贴、补贴及单位按国家规定缴纳的各项基本社会保险金等。

公用支出 指单位用各种经费开支的公务费、设备购置费、修缮费、业务费及其他费用。

公务费 指用于组织和管理专业业务及其辅助活动发生的支出，主要包括办公费、邮电通信费、水电费、公用取暖费、车船油料费等。

业务费 指在开展专业业务及其辅助活动过程中发生的支出，主要包括消耗的各种原材料、计算测试费、燃料动力费、会议费、差旅费、外事活动费等。

设备购置费 指不属于基本建设支出，应按固定资产管理的科研、生产、开发、经营以及办公设备的购置支出，主要包括各种仪器设备、车辆、图书等购置费以及按规定提取的修购基金。

修缮费 指用于单位公用房屋、建筑物以及附属设备的修缮支出、按照国家规定不够基本建设投资额度的零星土建工程支出以及按规定提取的修购基金。

结转自筹基建 指单位经国家有关部门批准并纳入基本建设计划，用财政补助收入以外的资金安排的基本建设项目支出。

经营支出 指单位在专业业务活动及其辅助活动之外开展非独立核算经营活动发生的各项支出以及实行内部成本核算单位已销产品的实际成本。

专款支出 指单位用上述“拨入专款”开支的费用。

Explanatory Notes on Key Indicators

1. Total income of CAS institutions

Financial subsidiary income This refers to the operating funds for scientific research, and house subside obtained from the financial departments.

Special funds allocated This refers to the special funds for designated use obtained from the financial departments, higher authorities or other units, such as government allocations and allocations for CAS Members from the Ministry of Personnel Management.

Operating income This refers to the income obtained by performing professional activities and auxiliary work, including scientific research, technology, scientific activities, popular science activities and production of pilot products, and income from non-budgetary funds.

Scientific research income This refers to the income acquired by undertaking scientific research tasks (projects) and accepting assignments to develop samples and prototypes. It includes income for undertaking State scientific research projects, such as the “Three sums of science and technology funds”, “National Natural Science Foundation funds”, “863” Program funds, etc. It also includes income obtained from the local departments and enterprises by the institutions by undertaking various research tasks.

Technology income This refers to the income obtained from offering external technology transfer, technology consultation, technology service, technology training, technology contracting and technology development.

Income from trial-production of products This refers to the income obtained by producing pilot experimental products (not including allowance for pilot experiments in the “three sums of science and technology funds”) approved by the relevant State departments.

Income from non-budgetary funds This refers to various kinds of revenues (which are not included in the State budgetary management system) collected by the institution in performing or acting the functions on government behalf according to the State laws, regulations and rules which have the legal effects.

Business income This refers to the income acquired by carrying out non-independent accounting business activities other than professional and auxiliary work, including product (commodity) sales income, business service income, project contracting income, renting income and other business income.

Other income This refers to income other than the above-mentioned items, such as income from investment, interest, donation, subsidies from superior organizations, funds provided by affiliated units, etc.

2. Total expenditure of CAS institutions

Personnel expenditure This refers to the spending from various kinds of funds, such as basic salary, subsidiary salary and other salaries, welfare expenditure, social security expenditure, and people’s grant-in-aid.

Basic salary This refers to the basic salary and proportioned allowance paid to the staff according to the relevant State policies.

Subsidiary salary This refers to the allowance and subsidies paid to the staff according to the relevant State policies, including working post allowance, inflation subsidies, local allowance, allowance for winter heating, night snack allowance, traffic allowance for the staff to and back from work, and overtime pay, etc.

Other salaries This mainly refers to the allowances and subsidies paid to the on-job staff, which is the components of the total salary set according to the relevant State policies. This item is not included in the basic salary and subsidiary salary.

Social security expenditure This refers to the pension, allowance or subsidies paid to the retired personnel according to the relevant State policy, and various basic social insurance premium paid by the units according to the State policy.

Public expenditure This refers to the spending from various kind of funds, such as official business spending, expenditure for professional activities, expenditure for purchasing equipment, renovation fees and others.

Official business spending This refers to the expenses for organizing and managing professional work and auxiliary activities, mainly including expenses on administration, postage and communications, water and electricity, winter heating, vehicles and fuel, etc.

Expenditure for professional activity This refers to the expenses occurred in the process of carrying out professional work and auxiliary activities, mainly including raw and processed materials consumed, computation and testing, fuel and power, expenses for attending conferences and making business trips, etc.

Expenditure for purchasing equipment This refers to the expenses spent on equipment purchasing for scientific research, production, development, business operation and office instruments, which does not fall into the category of capital construction expenditure and is managed as fixed assets. It mainly includes expenses for purchasing various kinds of instruments and equipment, vehicles, books, etc., according to the relevant policies.

Renovation fees This refers to fees for renovating public houses, buildings and attached facilities, expenses of minor civil engineering which are less than the investment quota set for capital construction, and the renovation/purchasing fees drawn according to the relevant policies.

Balanced and transferred self-raised capital construction funds This refers to the expenditure from non financial subsidiary funds for capital construction projects which are approved by the State departments concerned and which are included in the capital construction plan of the year.

Business expenditure This refers to the expenses occurred in the process of carrying out non-independent accounting business activities other than professional and auxiliary work as well as the actual cost of products sold by those internal cost-accounting units.

Designated expenditure This refers to the expenses paid from above-mentioned "Designated funds".

五、基本建设

CAPITAL CONSTRUCTION

5-1 基本建设总体情况

General Information of Capital Construction

年 份 Year	完成投资 (万元) Investment completed (ten thousand yuan)	国家及院拨款 State & CAS funds	建设单位自筹 Self-raised funds by construction unit	贷 款 Loan	竣工面积(万平方米) Floor space completed (10000 square meter)
1950~1952	276				2.05
1953~1957	9123				51.23
1958~1962	20972				79.40
1963~1965	12600				33.88
1966~1970	9139				15.37
1971~1975	7835				56.66
1976	2500				8.23
1977	3347				15.09
1978	8454				20.47
1979	18426				33.28
1980	17579				36.19
1981	13600				36.78
1982	15039				34.66
1983	14537				27.04
1984	16114				32.83
1985	17108	346			24.23
1986	21908	252			28.30
1987	27412	281			20.31
1988	28266	240			24.70
1989	29384	240			29.87
1990	23484	240			37.36
1991	30306	1971			23.17
1992	36636	5000			28.72
1993	38427	4809		3100	25.83
1994	40787	10000		3000	23.95
1995	44480	10000		2600	23.51
1996	48122	15982		700	22.66
1997	65936	25346			24.81
1998	91409	32387			29.46
1999	103721	48879			32.84
2000	140591	74192			45.30
2001	221479	95910	124869	700	53.88
2002	314274	175092	130111	9071	84.78
2003	342450	197664	144786		70.05
2004	242432	178013	62015	2405	76.02
2005	227700	161675	66025		42.41
2006	251892	143700	108192		55.58
2007	211400	113400	98000		41.89
2008	273500	145200	128300		43.48

5-2 基本建设投资完成情况(2008 年)

Capital Construction Expenditure: 2008

单位: 万元 (ten thousand yuan)

项　目 Project	完成投资 Investment completed	国家及院拨款 State & CAS funds	建设单位自筹 Self-raised funds by construction unit	贷　款 Loan
总　计 Total	**273500**	**145200**	**128300**	
一、大科学工程 Mega-science projects	59700	41900	17800	
二、科教基础设施改造建设项目 Infrastructure renovation & construction of research and education	111400	58900	52500	
三、产业化项目 Commercialized projects	36200	19200	17000	
四、引进人才项目 Talent Programmes	3000	3000		
五、标本馆改造建设 Reconstruction of herbariums	2000	2000		
六、其他专项 Other designated projects	61200	20200	41000	

5-3 基本建设建筑面积完成情况(2008 年)

Floor Space Completed: 2008

单位: 万平方米 (10000 square meter)

项　目 Project	在建面积 Floor space under construction	新开面积 Floor space started	竣工面积 Floor space completed	改造面积 Floor space reconstructed
总　计 Total	**68.37**	**50.75**	**43.48**	**9.43**
一、大科学工程 Mega-science projects				
二、知识创新工程基建专项 Special capital construction fund for Knowledge Innovation Program	68.37	50.75	43.48	9.43
科研用房改造建设 Renovation & construction for scientific research building	64.81	47.57	30.55	7.58
园区基础设施改造建设 Infrastructure renovation & construction of institute campuses	1.22	1.22		
教育设施及流动人员公寓改造建设项目 Reconstruction projects of educational facilities & apartments for the staff on mobility	2.34	1.96	12.93	1.85

六、科技活动

SCIENTIFIC AND TECHNOLOGICAL ACTIVITIES

6-1 科研机构人员概况

Staff of CAS Research Institutions

年 份 Year	在职职工 (人) Regular staff (person)	从事科技活动人员 S&T activity personnel	其中：女性 Of which:Female	科学家和工程师 Scientists & engineers
1985	69650	58220	19820	32174
1986	70510	60107	20509	34495
1987	66855	53727	18410	35034
1988	67554	56939	19419	36648
1989	67451	56895	19209	37587
1990	67547	56199	18536	38133
1991	67558	56029	18645	37668
1992	66608	54293	18070	37642
1993	64273	50584	16856	36199
1994	61641	46344	15393	33749
1995	59008	42934	14186	32446
1996	56245	41392	13598	32032
1997	53191	38104	12484	29798
1998	50271	33963	11373	27139
1999	47487	31205	10290	25450
2000	44772	29648	9547	24426
2001	40853	26391	8376	22105
2002	36679	23600	7455	20225
2003	35201	23218	7398	19108
2004	34847	23830	7550	20027
2005	35394	24755	7840	20446
2006	36085	25914	8281	21558
2007	36684	27315	8846	25347
2008	42558	33642	11660	31639

注: S&T—Science and Technology.

自 2008 年起，科研机构在职职工的统计范围是指科研机构中在编职工和项目聘用人员。

Note: Since 2008, the number of regular staff of research Institution includes both the regular staff of all CAS institution and the staff by project contract.

6-2　科研机构职工按工作性质分类(2008 年)
Statistics of CAS Staff, by Nature of Work: 2008

单位：人　　　　(person)

地区及学科 Region and field	从事科技活动人员 S&T activity personnel	科技管理人员 S&T management personnel	课题活动人员 Project activity personnel	科技服务人员 S&T service personnel	从事生产经营活动人员 Production and business activity personnel	生活后勤服务人员 Logistics service personnel
总计 Total	33642	4507	23467	5668	2107	2730
一、按地区、分院分 By region and branch						
北京分院(筹) Beijing Branch	13278	1846	9589	1843	536	865
沈阳分院 Shenyang Branch	2775	333	1912	530	133	212
长春分院 Changchun Branch	1996	244	1479	273	594	260
上海分院 Shanghai Branch	5618	740	3825	1053	299	472
南京分院 Nanjing Branch	764	84	556	124	21	42
合肥地区 Hefei Area	1336	154	874	308	98	158
武汉分院 Wuhan Branch	1071	141	691	239	21	69
广州分院 Guangzhou Branch	1463	200	1024	239	20	142
成都分院 Chengdu Branch	1281	162	781	338	159	138
昆明分院 Kunming Branch	1023	200	619	204	37	70

地区及学科 Region and field	从事科技活动人员 S&T activity personnel	科技管理人员 S&T management personnel	课题活动人员 Project activity personnel	科技服务人员 S&T service personnel	从事生产经营活动人员 Production and business activity personnel	生活后勤服务人员 Logistics service personnel
西安分院 Xi'an Branch	895	127	526	242	116	118
兰州分院 Lanzhou Branch	1666	224	1237	205	31	145
新疆分院 Xinjiang Branch	476	52	354	70	42	39
二、按学科分 By field						
数学、物理 Mathematics & physics	7169	912	4867	1390	367	762
化学与化工 Chemistry & chemical engineering	4889	592	3508	789	165	332
地学 Earth sciences	4619	663	3179	777	56	417
生物学 Biological sciences	6742	1028	4466	1248	139	404
技术科学 Technological sciences	10027	1275	7311	1441	1380	811
其他 Others	196	37	136	23		4

注：此表不包括不在岗人员。

Note: This table does not include the personnel who are not on the working posts.

6-3 科研机构科技
Amount of Fund-Raising for S&T

单位：千元

地区及学科 Region and field	科技经费筹集额 Amount of fund-raising for S&T	政府资金 Government funds	财政补助收入 Income from government subsidy	承担政府科研项目收入 Income from undertaking government research projects	地方政府资金 Funds from local government	技术性收入 Technical income
总计 Total	**18375018**	**15792967**	**9771757**	**5284616**	**593023**	**1513276**
一、按地区、分院分 By region and branch						
北京分院(筹) Beijing Branch	7794975	6854352	4203114	2474231	113786	570590
沈阳分院 Shenyang Branch	1841914	1355783	744510	455609	55304	242931
长春分院 Changchun Branch	1178576	1152932	498062	642614	11385	14757
上海分院 Shanghai Branch	2908191	2397323	1570051	641907	193937	342536
南京分院 Nanjing Branch	559472	517831	390690	98119	28391	26397
合肥地区 Hefei Area	413469	361039	279795	70696	10277	19898
武汉分院 Wuhan Branch	503311	418667	288127	96236	32080	57651
广州分院 Guangzhou Branch	633237	519174	344975	98661	62627	60036

经费筹集额(2008 年)

Activities in CAS Research Institutions: 2008

(thousand yuan)

其中: 来自企业 Of which: From enterprises	技术开发收入 Income from technological development	技术转让收入 Income from technology transfer	技术咨询及服务收入 Income from technical consultation and service	用于科技活动的贷款 Loans for S&T activities	国外资金 Funds from abroad	其他资金 Other funds
837590	**983288**	**95592**	**322521**	**69488**	**179609**	**819678**
275507	378877	18996	127319		73414	296619
176652	141684	28585	67140	–187	41728	201659
5057	8515	1264	2444		3402	7485
167232	245543	35369	48664		23983	144349
8000	20716				2989	12255
10894	17443	1849			452	32080
35312	10364	865	38668		3465	23528
46282	27208	120	26558		7813	46214

地区及学科 Region and field	科技经费筹集额 Amount of fund-raising for S&T	政府资金 Government funds	财政补助收入 Income from government subsidy	承担政府科研项目收入 Income from undertaking government research projects	地方政府资金 Funds from local government	技术性收入 Technical income
成都分院 Chengdu Branch	710645	631461	281829	335694	13939	60938
昆明分院 Kunming Branch	528091	391590	286588	66743	32195	48897
西安分院 Xi’an Branch	496827	463328	298116	163959	696	32610
兰州分院 Lanzhou Branch	655279	591790	496296	115061	11781	27756
新疆分院 Xinjiang Branch	151031	137697	89604	25086	26625	8279
二、按学科分 By field						
数学、物理 Mathematics & physics	3556273	3182090	2345668	742033	115252	247019
化学与化工 Chemistry & chemical engineering	2801592	2145568	1531377	553353	55644	468447
地学 Earth sciences	2791637	2491493	1588698	625859	165368	198331
生物学 Biological sciences	3362298	2914636	1972406	793006	136088	231578
技术科学 Technological sciences	5800235	5001992	2288721	2564530	115574	365380
其他 Others	62983	57188	44887	5835	5097	2521

续表 6-3

其中:来自企业 Of which: From enterprises	技术开发收入 Income from technological development	技术转让收入 Income from technology transfer	技术咨询及服务收入 Income from technical consultation and service	用于科技活动的贷款 Loans for S&T activities	国外资金 Funds from abroad	其他资金 Other funds
58921	55327		5611		455	17791
7304	19120	3480	3111	69675	15058	2871
19087	31687					889
22569	19575	5064	1956		2874	32859
4773	7229		1050		3976	1079
164369	147971	11059	60953		9451	117713
340234	329978	62216	69102		55896	131681
70100	128180	120	63490	−187	32436	69564
96786	102703	15744	55048	69675	59797	86612
164267	273801	6453	72062		21070	411793
1834	655		1866		959	2315

地区及学科 Region and field	科技经费筹集额 Amount of fund-raising for S&T	政府资金 Government funds	财政补助收 入 Income from government subsidy	承担政府科研项目收 入 Income from undertaking government research projects	地方政府资金 Funds from local government	技术性收 入 Technical income
三、按科研单位分 By institute						
北京市 Beijing	7794975	6854352	4203114	2474231	113786	570590
数学与系统科学研究院 Academy of Mathematics and Systems Science	131004	126495	97687	27036	1772	2239
物理研究所 Inst. of Physics	308835	291505	149198	134708	750	13467
声学研究所 Inst. of Acoustics	346424	295231	158993	126781	9070	50431
理论物理研究所 Inst. of Theoretical Physics	42987	32059	22178	9881		180
高能物理研究所 Inst. of High Energy Physics	376561	340235	265633	74602		6100
国家天文台 National Astronomical Observatories of China	308448	290192	246714	43013	430	14517
力学研究所 Inst. of Mechanics	224223	173832	147627	25895		27313
理化技术研究所 Technical Inst. of Physics and Chemistry	285655	254253	203171	50686	396	30327
化学研究所 Inst. of Chemistry	295691	258895	146461	109763	1200	25022
生态环境研究中心 Research Center for Eco-Environmental Sciences	238718	186109	118042	59963	8104	46312

续表 6-3

其中：来自企业 Of which: From enterprises	技术开发收入 Income from technological development	技术转让收入 Income from technology transfer	技术咨询及服务收入 Income from technical consultation and service	用于科技活动的贷款 Loans for S&T activities	国外资金 Funds from abroad	其他资金 Other funds
275507	378877	18996	127319		73414	296619
347	347					2270
750	4926		3085		895	2968
50431	50078		353			762
					3274	7474
	5158					30226
40	40		327		3139	600
13480	10062	200	16997			23078
30327	14770	7950	7607			1075
25022	18620	900	5502		3525	8249
17812	29541	1142	15629		1501	4796

地区及学科 Region and field	科技经费筹集额 Amount of fund-raising for S&T	政府资金 Government funds	财政补助收入 Income from government subsidy	承担政府科研项目收入 Income from undertaking government research projects	地方政府资金 Funds from local government	技术性收入 Technical income
国家纳米科学中心 National Center for Nano Science and Technology of China	61212	40449	40449			
过程工程研究所 Inst. of Process Engineering	267873	243171	212780	23880	6082	20627
遥感应用研究所 Inst. of Remote Sensing Application	165575	110406	75662	30390	2249	53011
地理科学与资源研究所 Inst. of Geographic Sciences and Natural Resources Research	316066	281016	163109	84567	33168	8095
青藏高原研究所 Inst. of Qinghai-Tibet Plateau	60483	58786	39000	19768		143
古脊椎动物与古人类研究所 Inst. of Vertebrate Paleontology and Paleoanthropology	48055	45462	27672	14320	3470	2036
地质与地球物理研究所 Inst. of Geology and Geophysics	306329	284605	177969	106609	20	21724
大气物理研究所 Inst. of Atmospheric Physics	241441	212412	139025	72024	180	22670
植物研究所 Inst. of Botany	216460	195983	134964	53074	6101	17832
动物研究所 Inst. of Zoology	206644	188177	42469	142318	3390	2700
心理研究所 Inst. of Psychology	70232	37781	27759	9659	364	18377
微生物研究所 Inst. of Microbiology	150960	132715	95721	35527	1467	8125

其中：来自企业 Of which: From enterprises	技术开发收入 Income from technological development	技术转让收入 Income from technology transfer	技术咨询及服务收入 Income from technical consultation and service	用于科技活动的贷款 Loans for S&T activities	国外资金 Funds from abroad	其他资金 Other funds
					1541	19222
17717	18301	654	1353		2755	1320
7432	37045		14816		2158	
2361	8095				15845	11110
			143		1554	
	755				238	319
3591	17649		4075			
	20238		1971		6359	
1755	11528		1937		1979	666
					4993	10774
6247			16682			14074
4810		1500	3947		6810	3310

地区及学科 Region and field	科技经费筹集额 Amount of fund-raising for S&T	政府资金 Government funds	财政补助收入 Income from government subsidy	承担政府科研项目收入 Income from undertaking government research projects	地方政府资金 Funds from local government	技术性收入 Technical income
生物物理研究所 Inst. of Biophysics	316653	291457	212149	73820	1270	16634
遗传与发育生物学研究所 Inst. of Genetics and Developmental Biology	282633	281299	174867	103528	2904	274
北京基因组研究所 Beijing Inst. of Genomics	82574	78262	65821	12441	432	3214
计算技术研究所 Inst. of Computing Technology	261853	199478	116800	77628	4360	26900
软件研究所 Inst. of Software	204586	180073	88617	90692	164	14442
半导体研究所 Inst. of Semiconductors	208552	169751	105674	64077		3049
微电子研究所 Inst. of Microelectronics	106162	103392	73154	24070	6168	2770
电子学研究所 Inst. of Electronics	408584	388844	121505	267024		19740
自动化研究所 Inst. of Automation	151960	140827	76637	62863	1327	7563
光电研究院 Institutes of Optoelectronics	116739	116739	4397	72764		
电工研究所 Inst. of Electrical Engineering	151785	132396	74986	45654	11756	10325
工程热物理研究所 Inst. of Engineering Thermophysics	99753	83268	34369	48299	600	13576

其中: 来自企业 Of which: From enterprises	技术开发收入 Income from technological development	技术转让收入 Income from technology transfer	技术咨询及服务收入 Income from technical consultation and service	用于科技活动的贷款 Loans for S&T activities	国外资金 Funds from abroad	其他资金 Other funds
2808	13989	1000			2079	6483
274	274				454	606
905			3134			1098
22184	24064				3851	31624
10147	7870		5196		632	9439
	3049					35752
	2770					
	9260	3600	5703			
	7004					3570
10325	10325				2254	6810
13576	13576				2909	

地区及学科 Region and field	科技经费筹集额 Amount of fund-raising for S&T	政府资金 Government funds	财政补助收入 Income from government subsidy	承担政府科研项目收入 Income from undertaking government research projects	地方政府资金 Funds from local government	技术性收入 Technical income
空间科学与应用研究中心 Center for Space Science and Applied Research	341220	330893	90327	238484	25	9310
对地观测与数字地球科学中心 Center for Earth Observation and Digital Earth	134393	107041	97407	9084	550	11040
自然科学史研究所 Inst. of History of Natural Sciences	18298	16589	15467	372	750	687
科技政策与管理科学研究所 Inst. of Policy and Management	44685	40599	29420	5463	4347	1834
山西煤炭化学研究所 Shanxi Inst. of Coal Chemistry	194669	113675	89234	23504	920	37984
辽宁省、山东省 Liaoning and Shandong Provinces	1841914	1355783	744510	455609	55304	242931
大连化学物理研究所 Dalian Inst. of Chemical Physics	516765	328095	183041	138238	4296	135086
沈阳应用生态研究所 Shenyang Inst. of Applied Ecology	92815	76777	59571	13023	3040	14869
沈阳自动化研究所 Shenyang Inst. of Automation	342443	212968	87610	115441	9917	36211
金属研究所 Inst. of Metals Research	442729	309636	196250	102021	11181	38787
海洋研究所 Inst. of Oceanology	447162	428307	218038	86886	26870	17978
吉林省 Jilin Province	1178576	1152932	498062	642614	11385	14757

其中:来自企业 Of which: From enterprises	技术开发收入 Income from technological development	技术转让收入 Income from technology transfer	技术咨询及服务收入 Income from technical consultation and service	用于科技活动的贷款 Loans for S&T activities	国外资金 Funds from abroad	其他资金 Other funds
	9310					1017
			11040		54	16258
	655		32			1022
1834			1834		959	1293
31332	29578	2050	5956		3656	39354
176652	141684	28585	67140	−187	41728	201659
135086	92294	27985	13177		36433	17151
6831	11320	600	318		584	585
30709	20004		15874		135	93129
4026	10542		27317		3627	90679
	7524		10454	−187	949	115
5057	8515	1264	2444		3402	7485

地区及学科 Region and field	科技经费筹集额 Amount of fund-raising for S&T	政府资金 Government funds	财政补助收入 Income from government subsidy	承担政府科研项目收入 Income from undertaking government research projects	地方政府资金 Funds from local government	技术性收入 Technical income
长春应用化学研究所 Changchun Inst. of Applied Chemistry	255800	237925	176399	53874	7652	11280
东北地理与农业生态研究所 Northeast Inst. of Geography and Agricultural Ecology	52566	50273	43477	3063	3733	2196
长春光学精密机械与物理研究所 Changchun Inst. of Optics, Fine Mechanics and Physics	870210	864734	278186	585677		1281
上海市、福建省、浙江省 Shanghai, Fujian Province, and Zhejiang Province	2908191	2397323	1570051	641907	193937	342536
上海应用物理研究所 Shanghai Inst. of Applied Physics	180482	171804	154962	11822	4170	8678
上海天文台 Shanghai Observatory	181790	176633	77657	46793	52183	3271
上海硅酸盐研究所 Shanghai Inst. of Ceramics	354523	240615	150388	70342	19885	113908
上海有机化学研究所 Shanghai Inst. of Organic Chemistry	238143	175644	137140	33383	4364	51441
上海药物研究所 Shanghai Inst. of Materia Medica	166087	125988	78257	33398	14208	35668
上海生命科学院 Shanghai Institutes for Biological Sciences	607823	540440	382100	122901	34058	32243
上海微系统与信息技术研究所 Shanghai Inst. of Microsystem and Information Technology	282515	211891	125011	56637	29715	8108

其中:来自企业 Of which: From enterprises	技术开发收入 Income from technological development	技术转让收入 Income from technology transfer	技术咨询及服务收入 Income from technical consultation and service	用于科技活动的贷款 Loans for S&T activities	国外资金 Funds from abroad	其他资金 Other funds
5057	8515	1264	505		3402	3193
			1939			97
						4195
167232	245543	35369	48664		23983	144349
1162	4525	1060	2775			
	3240				377	1509
34046	81954	23000	7859			
49291	32305	157	16829		513	10545
35668	23211	7604	3638		1416	3015
27960	17105	695	10160		20593	14547
	1079	2663	4366		623	61893

地区及学科 Region and field	科技经费筹集额 Amount of fund-raising for S&T	政府资金 Government funds				技术性收入 Technical income
			财政补助收入 Income from government subsidy	承担政府科研项目收入 Income from undertaking government research projects	地方政府资金 Funds from local government	
上海光学精密机械研究所 Shanghai Inst. of Optics and Fine Mechanics	268340	203047	151227	45630	5266	64635
上海技术物理研究所 Shanghai Inst. of Technical Physics	364425	320277	134477	170806	11799	12960
福建物质结构研究所 Fujian Inst. of Research on the Structure of Matter	193768	167336	138136	27820	1380	5520
宁波材料技术与工程研究所 Ningbo Inst. of Material Technology and Engineering	70295	63648	40696	22375	16909	6104
江苏省 Jiangsu Province	559472	517831	390690	98119	28391	26397
紫金山天文台 Purple Mountain Observatory	183676	168167	141533	26547		10144
南京地理与湖泊研究所 Nanjing Inst. of Geography and Limnology	124564	118753	73731	21170	23308	136
南京地质古生物研究所 Nanjing Inst. of Geology and Palaeontology	97407	87631	71199	15352	1080	9776
南京土壤研究所 Nanjing Inst. of Soil Science	153825	143280	104227	35050	4003	6341
安徽省 Anhui Province	413469	361039	279795	70696	10277	19898
合肥物质科学研究院 Hefei Institutes of Physical Sciences	413469	361039	279795	70696	10277	19898
湖北省 Hubei Province	503311	418667	288127	96236	32080	57651

续表 6-3

其中:来自企业 Of which: From enterprises	技术开发收入 Income from technological development	技术转让收入 Income from technology transfer	技术咨询及服务收入 Income from technical consultation and service	用于科技活动的贷款 Loans for S&T activities	国外资金 Funds from abroad	其他资金 Other funds
1645	58228	190	2566		461	197
6524	12960					31188
4832	4832		471			20912
6104	6104					543
8000	20716				2989	12255
	7111					5365
						5675
8000	8000					
	5605				2989	1215
10894	17443	1849			452	32080
10894	17443	1849			452	32080
35312	10364	865	38668		3465	23528

地区及学科 Region and field	科技经费筹集额 Amount of fund-raising for S&T	政府资金 Government funds	财政补助收入 Income from government subsidy	承担政府科研项目收入 Income from undertaking government research projects	地方政府资金 Funds from local government	技术性收入 Technical income
武汉物理与数学研究所 Wuhan Inst. of Physics and Mathematics	86703	73815	56599	16895	130	4738
武汉岩土力学研究所 Wuhan Inst. of Rock and Soil Mechanics	125703	94324	51322	8734	28936	29884
测量与地球物理研究所 Inst. of Geodesy and Geophysics	29859	27944	16720	10850	374	1087
武汉植物园 Wuhan Botanical Garden	58040	42251	31452	10799		15789
水生生物研究所 Inst. of Hydrobiology	140806	126016	91875	36070	1476	538
武汉病毒研究所 Wuhan Inst. of Virology	62200	54317	40159	12888	1164	5615
广东省、湖南省 Guangdong and Hunan Provinces	633237	519174	344975	98661	62627	60036
广州地球化学研究所 Guangzhou Inst. of Geochemistry	138488	114775	84757	24730	5288	102
南海海洋研究所 South China Sea Inst. of Oceanology	214272	168816	99549	33427	24975	44660
华南植物园 South China Botanical Garden	101964	94296	68812	11930	11508	6684
广州生物医药与健康研究院 Guangzhou Inst. of Biomedicine and Health	63717	62188	37592	11482	13114	1460
广州能源研究所 Guangzhou Inst. of Energy Conversion	68236	45029	27937	12084	5008	6029

续表 6-3

其中:来自企业 Of which: From enterprises	技术开发收入 Income from technological development	技术转让收入 Income from technology transfer	技术咨询及服务收入 Income from technical consultation and service	用于科技活动的贷款 Loans for S&T activities	国外资金 Funds from abroad	其他资金 Other funds
4364	4364					8150
29884	1260		28624		1094	401
600	1087					828
			9024			
			259		1082	13170
464	3653	865	761		1289	979
46282	27208	120	26558		7813	46214
						23611
44402	19604	120	24678		716	80
	1029					984
1460			1460		69	
	6029				6524	10654

地区及学科 Region and field	科技经费筹集额 Amount of fund-raising for S&T	政府资金 Government funds				技术性收入 Technical income
			财政补助收入 Income from government subsidy	承担政府科研项目收入 Income from undertaking government research projects	地方政府资金 Funds from local government	
亚热带农业生态研究所 Inst. of Subtropical Agriculture	46560	34070	26328	5008	2734	1101
四川省 Sichuan Province	710645	631461	281829	335694	13939	60938
成都山地灾害与环境研究所 Chengdu Inst. of Mountain Hazards and Environment	76220	70823	47728	15089	8006	5294
成都生物研究所 Chengdu Inst. of Biology	80501	76028	54441	15888	5700	317
光电技术研究所 Inst. of Optics and Electronics	553924	484610	179660	304717	233	55327
云南省、贵州省 Yunnan and Guizhou Provinces	528091	391590	286588	66743	32195	48897
地球化学研究所 Inst. of Geochemistry	111492	103484	77891	22453	3140	5100
昆明植物研究所 Kunming Inst. of Botany	159866	138116	105243	16950	9859	11337
西双版纳热带植物园 Xishuangbanna Tropical Botanical Garden	156226	55616	39599	4787	11230	28980
昆明动物研究所 Kunming Inst. of Zoology	100507	94374	63855	22553	7966	3480
陕西省 Shaanxi Province	496827	463328	298116	163959	696	32610
地球环境研究所 Inst. of Earth Environment	52811	52811	39847	12864	100	
西安光学精密机械研究所 Xi'an Inst. of Optics and Precision Mechanics	351531	333450	183794	148503	596	17223

其中:来自企业 Of which: From enterprises	技术开发收入 Income from technological development	技术转让收入 Income from technology transfer	技术咨询及服务收入 Income from technical consultation and service	用于科技活动的贷款 Loans for S&T activities	国外资金 Funds from abroad	其他资金 Other funds
420	546		420		504	10885
58921	55327		5611		455	17791
3594			5294		103	
			317		352	3804
55327	55327					13987
7304	19120	3480	3111	69675	15058	2871
120	4677		120		454	2454
6964	11240				10413	
220	3203		2991	69675	1538	417
		3480			2653	
19087	31687					889
3700	16300					858

地区及学科 Region and field	科技经费筹集额 Amount of fund-raising for S&T	政府资金 Government funds	财政补助收入 Income from government subsidy	承担政府科研项目收入 Income from undertaking government research projects	地方政府资金 Funds from local government	技术性收入 Technical income
国家授时中心 National Time Service Center	92485	77067	74475	2592		15387
甘肃省、青海省 Gansu and Qinghai Provinces	655279	591790	496296	115061	11781	27756
近代物理研究所 Inst. of Modern Physics	214842	208305	181274	55722	2705	5672
兰州化学物理研究所 Lanzhou Inst. of Chemical Physics	140645	120527	108470	10927	1130	17328
寒区旱区环境与工程研究所 Cold and Arid Regions Environmental and Engineering Research Inst.	210802	184626	140570	36841	7215	817
青海盐湖研究所 Qinghai Inst. of Saline Lakes	43785	33127	30837	1659	631	3939
西北高原生物研究所 Northwest Inst. of Plateau Biology	45205	45205	35145	9912	100	
新疆维吾尔自治区 Xinjiang Uygur Autonomous Region	151031	137697	89604	25086	26625	8279
新疆理化技术研究所 Xinjiang Technical Inst. of Physics and Chemistry	52986	47134	36850	9630	4433	4773
新疆生态与地理研究所 Xinjiang Inst. of Ecology and Geography	98045	90563	52754	15456	22192	3506

注：1. 表 6-3 与表 6-4 为国家科学技术部《科技统计年报》统计口径。

Note: Table 6-3, 6-4 is based on the specifications of the *S&T Statistical Yearbook* of the Ministry of Science and

2. 表 6-3 与表 6-4 中山西煤炭化学研究所合并到北京分院(筹)。

In Table 6-3 and Table 6-4, Shanxi Inst. of Coal Chemistry has been merged into the jurisdiction of Beijing

其中:来自企业 Of which: From enterprises	技术开发收入 Income from technological development	技术转让收入 Income from technology transfer	技术咨询及服务收入 Income from technical consultation and service	用于科技活动的贷款 Loans for S&T activities	国外资金 Funds from abroad	其他资金 Other funds
15387	15387					31
22569	19575	5064	1956		2874	32859
2530	5537		135		220	645
16160	11323	3900	1761		2570	220
					84	25275
3879	2715	1164	60			6719
4773	7229		1050		3976	1079
4773	3723		1050			1079
	3506				3976	

Technology.

Branch.

6-4 科研机构科技活动经费内部支出情况(2008 年)

Total Internal Expenditure of S&T Activities in CAS Research Institutions: 2008

单位：千元　　　　(thousand yuan)

地区及学科 Region and field	科研活动经费内部支出合计 Total internal expenditure for scientific research activities	人员费用 Personnel cost	设备购置费 Expenditure for purchasing equipment	其他日常支出 Other daily expenditure
总计 Total	**13933107**	**4198340**	**2234126**	**7500641**
一、按地区、分院分 By region and branch				
北京分院(筹) Beijing Branch	5732789	1770314	880914	3081561
沈阳分院 Shenyang Branch	1288946	378638	178321	731987
长春分院 Changchun Branch	969682	188607	76120	704955
上海分院 Shanghai Branch	2606885	746452	597583	1262850
南京分院 Nanjing Branch	364916	148366	64231	152319
合肥地区 Hefei Area	353254	121879	61666	169709
武汉分院 Wuhan Branch	392130	134501	39724	217905
广州分院 Guangzhou Branch	557120	187561	69457	300102
成都分院 Chengdu Branch	519964	127141	58069	334754
昆明分院 Kunming Branch	322513	140269	54024	128220
西安分院 Xi’an Branch	188649	96146	34745	57758
兰州分院 Lanzhou Branch	513914	118350	97300	298264
新疆分院 Xinjiang Branch	122345	40116	21972	60257
二、按学科分 By field				
数学、物理 Mathematics & physics	2818926	887657	697484	1233785
化学与化工 Chemistry & chemical engineering	2003410	617089	328355	1057966
地学 Earth sciences	1990668	659776	277421	1053471
生物学 Biological sciences	2606258	887856	420418	1297984
技术科学 Technological sciences	4459448	1126880	508352	2824216

地区及学科 Region and field	科研活动经费内部支出合计 Total internal expenditure for scientific research activities	人员费用 Personnel cost	设备购置费 Expenditure for purchasing equipment	其他日常支出 Other daily expenditure
其他 Others	54397	19082	2096	33219
三、按科研单位分 By institute				
北京市 Beijing	5732789	1770314	880914	3081561
数学与系统科学研究院 Academy of Mathematics and Systems Science	97479	40582	6516	50381
物理研究所 Inst. of Physics	229775	78825	65665	85285
声学研究所 Inst. of Acoustics	250426	74700	73683	102043
理论物理研究所 Inst. of Theoretical Physics	24925	6358	2862	15705
高能物理研究所 Inst. of High Energy Physics	356891	107859	75958	173074
国家天文台 National Astronomical Observatories of China	260681	84450	57718	118513
力学研究所 Inst. of Mechanics	120755	27835	39007	53913
理化技术研究所 Technical Inst. of Physics and Chemistry	139515	52166	18973	68376
化学研究所 Inst. of Chemistry	179949	71275	30578	78096
生态环境研究中心 Research Center for Eco-Environmental Sciences	164216	41785	23557	98874
国家纳米科学中心 National Center for Nano Science and Technology of China	54848	9022	14009	31817
过程工程研究所 Inst. of Process Engineering	107503	43359	21948	42196
遥感应用研究所 Inst. of Remote Sensing Application	97513	31885	7359	58269
地理科学与资源研究所 Inst. of Geographic Sciences and Natural Resources Research	214417	83840	10860	119717
青藏高原研究所 Inst. of Qinghai-Tibet Plateau	34806	14124	3947	16735
古脊椎动物与古人类研究所 Inst. of Vertebrate Paleontology and Paleoanthropology	45814	17459	6649	21706
地质与地球物理研究所 Inst. of Geology and Geophysics	285213	71253	43826	170134
大气物理研究所 Inst. of Atmospheric Physics	183143	65659	31340	86144
植物研究所 Inst. of Botany	165216	62687	18533	83996

地区及学科 Region and field	科研活动经费内部支出合计 Total internal expenditure for scientific research activities	人员费用 Personnel cost	设备购置费 Expenditure for purchasing equipment	其他日常支出 Other daily expenditure
动物研究所 Inst. of Zoology	115773	8245	21301	86227
心理研究所 Inst. of Psychology	62260	12123	5827	44310
微生物研究所 Inst. of Microbiology	132871	45168	23497	64206
生物物理研究所 Inst. of Biophysics	183843	45819	22982	115042
遗传与发育生物学研究所 Inst. of Genetics and Developmental Biology	205738	68431	44386	92921
北京基因组研究所 Beijing Inst. of Genomics	50819	19033	8535	23251
计算技术研究所 Inst. of Computing Technology	207178	89247	8998	108933
软件研究所 Inst. of Software	110831	43666	8620	58545
半导体研究所 Inst. of Semiconductors	201746	48454	29959	123333
微电子研究所 Inst. of Microelectronics	66825	19020	19050	28755
电子学研究所 Inst. of Electronics	355837	93863	45838	216136
自动化研究所 Inst. of Automation	155594	55663	10159	89772
光电研究院 Institutes of Optoelectronics	101756	28667	3255	69834
电工研究所 Inst. of Electrical Engineering	130934	26109	10637	94188
工程热物理研究所 Inst. of Engineering Thermophysics	62851	18619	9906	34326
空间科学与应用研究中心 Center for Space Science and Applied Research	204430	61978	12727	129725
对地观测与数字地球科学中心 Center for Earth Observation and Digital Earth	129409	31506	17861	80042
自然科学史研究所 Inst. of History of Natural Sciences	15875	8102	951	6822
科技政策与管理科学研究所 Inst. of Policy and Management	38522	10980	1145	26397
山西煤炭化学研究所 Shanxi Inst. of Coal Chemistry	186612	50498	22292	113822
辽宁省、山东省 Liaoning and Shandong Provinces	1288946	378638	178321	731987
大连化学物理研究所 Dalian Inst. of Chemical Physics	366975	104788	55021	207166
沈阳应用生态研究所 Shenyang Inst. of Applied Ecology	87603	39324	18043	30236

地区及学科 Region and field	科研活动经费内部支出合计 Total internal expenditure for scientific research activities	人员费用 Personnel cost	设备购置费 Expenditure for purchasing equipment	其他日常支出 Other daily expenditure
沈阳自动化研究所 Shenyang Inst. of Automation	272529	43559	33382	195588
金属研究所 Inst. of Metals Research	341745	104118	34884	202743
海洋研究所 Inst. of Oceanology	220094	86849	36991	96254
吉林省 Jilin Province	969682	188607	76120	704955
长春应用化学研究所 Changchun Inst. of Applied Chemistry	216793	70953	35261	110579
东北地理与农业生态研究所 Northeast Inst. of Geography and Agricultural Ecology	34338	13755	5919	14664
长春光学精密机械与物理研究所 Changchun Inst. of Optics，Fine Mechanics and Physics	718551	103899	34940	579712
上海市、福建省、浙江省 Shanghai,Fujian Province,and Zhejiang Province	2606885	746452	597583	1262850
上海应用物理研究所 Shanghai Inst. of Applied Physics	327104	59305	174991	92808
上海天文台 Shanghai Observatory	87221	33116	11662	42443
上海硅酸盐研究所 Shanghai Inst. of Ceramics	289310	75980	52645	160685
上海有机化学研究所 Shanghai Inst. of Organic Chemistry	189788	60109	24491	105188
上海药物研究所 Shanghai Inst. of Materia Medica	150111	53118	7961	89032
上海生命科学研究院 Shanghai Institutes for Biological Sciences	576708	209990	122212	244506
上海微系统与信息技术研究所 Shanghai Inst. of Microsystem and Information Technology	270097	51272	59271	159554
上海光学精密机械研究所 Shanghai Inst. of Optics and Fine Mechanics	218666	67502	30038	121126
上海技术物理研究所 Shanghai Inst. of Technical Physics	303954	74268	39392	190294
福建物质结构研究所 Fujian Inst. of Research on the Structure of Matter	118884	46641	29264	42979
宁波材料技术与工程研究所 Ningbo Inst. of Material Technology and Engineering	75042	15151	45656	14235
江苏省 Jiangsu Province	364916	148366	64231	152319
紫金山天文台 Purple Mountain Observatory	112861	66053	26256	20552

地区及学科 Region and field	科研活动经费内部支出合计 Total internal expenditure for scientific research activities	人员费用 Personnel cost	设备购置费 Expenditure for purchasing equipment	其他日常支出 Other daily expenditure
南京地理与湖泊研究所 Nanjing Inst. of Geography and Limnology	85616	15818	19716	50082
南京地质古生物研究所 Nanjing Inst. of Geology and Palaeontology	61658	25170	6818	29670
南京土壤研究所 Nanjing Inst. of Soil Science	104781	41325	11441	52015
安徽省 Anhui Province	353254	121879	61666	169709
合肥物质科学研究院 Hefei Institutes of Physical Sciences	353254	121879	61666	169709
湖北省 Hubei Province	392130	134501	39724	217905
武汉物理与数学研究所 Wuhan Inst. of Physics and Mathematics	61578	22733	9990	28855
武汉岩土力学研究所 Wuhan Inst. of Rock and Soil Mechanics	98739	34236	11303	53200
测量与地球物理研究所 Inst. of Geodesy and Geophysics	27143	12332	2515	12296
武汉植物园 Wuhan Botanical Garden	53584	21052	1870	30662
水生生物研究所 Inst. of Hydrobiology	102163	24593	8656	68914
武汉病毒研究所 Wuhan Inst. of Virology	48923	19555	5390	23978
广东省、湖南省 Guangdong and Hunan Provinces	557120	187561	69457	300102
广州地球化学研究所 Guangzhou Inst. of Geochemistry	105808	58744	13650	33414
南海海洋研究所 South China Sea Inst. of Oceanology	178447	46980	20106	111361
华南植物园 South China Botanical Garden	92340	25817	8228	58295
广州生物医药与健康研究院 Guangzhou Inst. of Biomedicine and Health	80967	27422	17983	35562
广州能源研究所 Guangzhou Inst. of Energy Conversion	66911	18316	4032	44563
亚热带农业生态研究所 Inst. of Subtropical Agriculture	32647	10282	5458	16907
四川省 Sichuan Province	519964	127141	58069	334754
成都山地灾害与环境研究所 Chengdu Inst. of Mountain Hazards and Environment	66739	26932	7871	31936
成都生物研究所 Chengdu Inst. of Biology	75111	27288	19163	28660
光电技术研究所 Inst. of Optics and Electronics	378114	72921	31035	274158

地区及学科 Region and field	科研活动经费内部支出合计 Total internal expenditure for scientific research activities	人员费用 Personnel cost	设备购置费 Expenditure for purchasing equipment	其他日常支出 Other daily expenditure
云南省、贵州省 Yunnan and Guizhou Provinces	322513	140269	54024	128220
地球化学研究所 Inst. of Geochemistry	72335	24319	7834	40182
昆明植物研究所 Kunming Inst. of Botany	95981	56595	11689	27697
西双版纳热带植物园 Xishuangbanna Tropical Botanical Garden	74494	34774	16041	23679
昆明动物研究所 Kunming Inst. of Zoology	79703	24581	18460	36662
陕西省 Shaanxi Province	188649	96146	34745	57758
地球环境研究所 Inst. of Earth Environment	23223	5920	4694	12609
西安光学精密机械研究所 Xi'an Inst. of Optics and Precision Mechanics	86448	59082	18712	8654
国家授时中心 National Time Service Center	78978	31144	11339	36495
甘肃省、青海省 Gansu and Qinghai Provinces	513914	118350	97300	298264
近代物理研究所 Inst. of Modern Physics	180719	32377	41479	106863
兰州化学物理研究所 Lanzhou Inst. of Chemical Physics	101523	28340	17318	55865
寒区旱区环境与工程研究所 Cold and Arid Regions Environmental and Engineering Research Inst.	170041	32660	33770	103611
青海盐湖研究所 Qinghai Inst. of Saline Lakes	27009	14339	1971	10699
西北高原生物研究所 Northwest Inst. of Plateau Biology	34622	10634	2762	21226
新疆维吾尔自治区 Xinjiang Uygur Autonomous Region	122345	40116	21972	60257
新疆理化技术研究所 Xinjiang Technical Inst. of Physics and Chemistry	38025	14039	8416	15570
新疆生态与地理研究所 Xinjiang Inst. of Ecology and Geography	84320	26077	13556	44687

注：科技活动经费内部支出不包括本机构委托外单位或与外单位合作而拨给对方的经费。

Note: The total internal expenditure of S&T activities does not include the funds allocated by the institution to other units for cooperation.

6-5 科研机构基本建设投资完成情况(2008年)
Capital Construction Expenditure in CAS Research Institutions: 2008

单位：千元 (thousand yuan)

地区及学科 Region and field	基本建设投资实际完成额 Actual expenditure in capital construction investment	科研仪器设备 Scientific research instruments and equipment	科研土建工程 Civil engineering projects for scientific research	生产经营土建与设备 Civil engineering for production, operation and equipment	生活土建与设备 Civil engineering for living and equipment
总 计 Total	**2574586**	**946676**	**1435076**		**192834**
一、按地区、分院分 By region and branch					
北京分院(筹) Beijing Branch	1172904	295814	741349		135741
沈阳分院 Shenyang Branch	145085	42269	100252		2564
长春分院 Changchun Branch	18201	4538	13663		
上海分院 Shanghai Branch	928853	563346	364428		1079
南京分院 Nanjing Branch	2989		2989		
合肥地区 Hefei Area	54441		13045		41396
武汉分院 Wuhan Branch	34592	17886	16436		270
广州分院 Guangzhou Branch	39149	27	38052		1070
成都分院 Chengdu Branch	10496	70	10426		

地区及学科 Region and field	基本建设投资实际完成额 Actual expenditure in capital construction investment	科研仪器设备 Scientific research instruments and equipment	科研土建工程 Civil engineering projects for scientific research	生产经营土建与设备 Civil engineering for production, operation and equipment	生活土建与设备 Civil engineering for living and equipment
昆明分院 Kunming Branch	73716	2832	64058		6826
西安分院 Xi'an Branch	66100	5746	56736		3618
兰州分院 Lanzhou Branch	28060	14148	13642		270
新疆分院 Xinjiang Branch					
二、按学科分 By field					
数学、物理 Mathematics & physics	1065926	635439	388282		42205
化学与化工 Chemistry & chemical engineering	304447	56742	245545		2160
地学 Earth sciences	197953	1792	70927		125234
生物学 Biological sciences	204954	11633	175423		17898
技术科学 Technological sciences	754094	241070	507687		5337
其他 Others	47212		47212		

6-6 科研机构科研仪器
Original Value of Scientific Equipment and

单位：千元

地区、学科及科研单位 Region，field and research institution	合 计 Total				
	总 额(千元) Total value (thousand yuan)	100 千元以上 Above 100 (thousand yuan)	100 千元以上台(套)数 Over 100 thousand yuan (set)	其中：进口(千元) Of which: Imported (thousand yuan)	100 千元以上 Above 100 (thousand yuan)
总 计 **Total**	**14516110**	**10582769**	**21508**	**8131472**	**7037814**
一、按地区、分院分 By region and branch					
北京分院(筹) Beijing Branch	5952388	4138408	8541	3354440	2913138
沈阳分院 Shenyang Branch	1279095	1001405	2008	642834	580929
长春分院 Changchun Branch	660387	501323	979	370960	337103
上海分院 Shanghai Branch	2908726	2190162	4393	1973770	1671593
南京分院 Nanjing Branch	293859	207442	565	152268	128115
合肥地区 Hefei Area	618608	500334	647	182958	165332
武汉分院 Wuhan Branch	344269	246327	478	226355	200018
广州分院 Guangzhou Branch	435527	330572	611	284183	251299
成都分院 Chengdu Branch	359030	260861	556	217926	190235
昆明分院 Kunming Branch	255294	151153	336	162486	124210
西安分院 Xi'an Branch	358978	300024	533	199831	179157
兰州分院 Lanzhou Branch	949637	690244	1669	315783	254336
新疆分院 Xinjiang Branch	100312	64514	192	47678	42349

设备原值情况(2008 年)

Instrumentation in CAS Research Institutions: 2008

(thousand yuan)

其中: 20 世纪 90 年代制造 Of which: Made in the 1990s				其中: 2000 年及以后制造 Of which: Made after 2000			
总 额 (千元) Total value (thousand yuan)	100 千元以上 Above 100 (thousand yuan)	其中: 进口 (千元) Of which: Imported (thousand yuan)	100 千元以上 Above 100 (thousand yuan)	总 额 (千元) Total value (thousand yuan)	100 千元以上 Above 100 (thousand yuan)	其中: 进口 (千元) Of which: Imported (thousand yuan)	100 千元以上 Above 100 (thousand yuan)
1895199	**1473314**	**1218035**	**1066480**	**12055620**	**8701640**	**6636583**	**5776860**
860551	656181	565059	500953	4823911	3292075	2636388	2319073
144199	115514	65606	53816	1096907	857519	555187	509736
59703	46178	40707	37529	572690	434428	307052	279533
385708	295849	305136	260608	2462138	1848685	1635598	1385191
33559	24675	22038	18978	252658	177847	124672	105810
119193	110649	30414	28621	472300	375543	150186	134693
46131	34833	33335	31171	289995	207696	188031	165197
33775	30573	29303	27899	361353	259941	244318	208158
43582	31493	28307	24320	305938	226758	185738	164065
34539	23842	22502	18379	217708	126623	139133	105545
33316	26736	24435	22242	300783	257239	170422	153739
92376	71265	46190	37595	811312	580841	260377	210683
8567	5526	5003	4369	87927	56445	39481	35437

地区、学科及科研单位 Region，field and research institution	合 计 Total				
	总 额 (千元) Total value (thousand yuan)	100 千元以上 Above 100 (thousand yuan)	100 千元以上 台(套)数 Over 100 thousand yuan (set)	其中：进口 (千元) Of which: Imported (thousand yuan)	100 千元以上 Above 100 (thousand yuan)
二、按学科分 By field					
数学、物理 Mathematics & physics	3844221	2832066	5417	1634618	1397580
化学与化工 Chemistry & chemical engineering	2233269	1678232	3553	1352306	1233622
地学 Earth sciences	1663959	1170763	2539	961860	846838
生物学 Biological sciences	2565390	1618867	4117	1743664	1318521
技术科学 Technological sciences	4193096	3282841	5882	2439024	2241253
其他 Others	16175				
三、按科研单位分 By institute					
北京市 Beijing	5952388	4138408	8541	3354440	2913138
数学与系统科学研究院 Academy of Mathematics and Systems Science	60745	21314	12	26414	12978
物理研究所 Inst. of Physics	486331	389491	591	387655	354329
声学研究所 Inst. of Acoustics	214577	159787	302	103787	86819
理论物理研究所 Inst. of Theoretical Physics	18236	8429	11	146	146
高能物理研究所 Inst. of High Energy Physics	476402	252670	760	186536	117784
国家天文台 National Astronomical Observatories of China	304084	240516	313	115957	111856
力学研究所 Inst. of Mechanics	185676	117911	262	68736	63156
理化技术研究所 Technical Inst. of Physics and Chemistry	154239	109810	288	28785	23895

其中: 20 世纪 90 年代制造 Of which: Made in the 1990s				其中: 2000 年及以后制造 Of which: Made after 2000			
总额 (千元) Total value (thousand yuan)	100 千元以上 Above 100 (thousand yuan)	其中: 进口 (千元) Of which: Imported (thousand yuan)	100 千元以上 Above 100 (thousand yuan)	总额 (千元) Total value (thousand yuan)	100 千元以上 Above 100 (thousand yuan)	其中: 进口 (千元) Of which: Imported (thousand yuan)	100 千元以上 Above 100 (thousand yuan)
507117	377842	216301	179836	3049216	2256656	1297951	1147379
271167	227531	177643	168512	1899585	1416109	1139616	1038527
211190	174250	158827	143766	1379595	901425	769382	671991
320671	226324	244249	186097	2217721	1379818	1483476	1123168
584740	467367	421015	388269	3493642	2747632	1946158	1795795
314				15861			
860551	656181	565059	500953	4823911	3292075	2636388	2319073
				48478	8833	2801	2801
59914	47548	47634	43697	407389	327802	324906	298285
14007	9814	11442	8557	196868	149527	89657	77971
				18236	8429	146	146
106986	61126	36718	23176	288061	157295	110344	79426
37568	29814	9018	8118	239253	186131	94587	92598
39430	30490	27802	25740	118015	64440	37451	34610
16771	11542			136569	97583	28785	23895

地区、学科及科研单位 Region，field and research institution	合 计 Total				
	总 额 (千元) Total value (thousand yuan)	100 千元以上 Above 100 (thousand yuan)	100 千元以上台(套)数 Over 100 thousand yuan (set)	其中：进口 (千元) Of which: Imported (thousand yuan)	100 千元以上 Above 100 (thousand yuan)
化学研究所 Inst. of Chemistry	289951	222470	504	211589	197702
生态环境研究中心 Research Center for Eco-Environmental Sciences	144994	84828	255	94556	76540
国家纳米科学中心 National Center for Nano Science and Technology of China	48865	48865	68	45903	45903
过程工程研究所 Inst. of Process Engineering	134442	76437	231	60516	53820
遥感应用研究所 Inst. of Remote Sensing Application	52782	36720	74	16846	1630
地理科学与资源研究所 Inst. of Geographic Sciences and Natural Resources Research	151336	91385	195	70539	68012
青藏高原研究所 Inst. of Qinghai-Tibet Plateau	46021	36231	100	30146	26278
古脊椎动物与古人类研究所 Inst. of Vertebrate Paleontology and Paleoanthropology	21616	7854	16	8177	7854
地质与地球物理研究所 Inst. of Geology and Geophysics	318575	250103	438	223709	211541
大气物理研究所 Inst. of Atmospheric Physics	140547	93092	212	69620	63004
植物研究所 Inst. of Botany	100372	69826	163	80363	64241
动物研究所 Inst. of Zoology	124884	57364	174	95226	54934
心理研究所 Inst. of Psychology	30404	14936	46	14785	13220
微生物研究所 Inst. of Microbiology	123581	69075	211	95342	67027
生物物理研究所 Inst. of Biophysics	216043	158840	321	170881	144351
遗传与发育生物学研究所 Inst. of Genetics and Developmental Biology	192669	103428	496	48802	35639
北京基因组研究所 Beijing Inst. of Genomics	53113	46016	59	48151	44068

续表 6-6

其中: 20 世纪 90 年代制造 Of which: Made in the 1990s				其中: 2000 年及以后制造 Of which: Made after 2000			
总 额 (千元) Total value (thousand yuan)	100 千元以上 Above 100 (thousand yuan)	其中: 进口 (千元) Of which: Imported (thousand yuan)	100 千元以上 Above 100 (thousand yuan)	总 额 (千元) Total value (thousand yuan)	100 千元以上 Above 100 (thousand yuan)	其中: 进口 (千元) Of which: Imported (thousand yuan)	100 千元以上 Above 100 (thousand yuan)
36399	32694	31448	30233	250839	188039	177574	164545
9320	5836	6603	5836	132838	78008	85533	69720
				48865	48865	45903	45903
21963	12967	13169	11306	97883	61451	43547	40495
5877	499	4295	412	46883	3263	12550	1208
8738	6231	5229	5229	142451	85154	65310	62783
				46021	36231	30146	26278
2716	660	660	660	17314	6244	6567	6244
60604	57359	55639	53950	244135	183033	158287	150015
16148	14056	2736	2550	121928	76777	66075	59644
13234	10799	11305	9865	87138	59027	69058	54376
22909	14687	20314	14306	93648	41384	70083	39335
2640	2093	1561	1561	27764	12843	13224	11659
16035	7903	13942	7903	107170	60977	81032	58930
21160	20257	14365	11454	189451	134235	152259	129125
13230	12077	2108	1797	178317	90413	46694	33842
692	448	692	448	52421	45568	47459	43620

地区、学科及科研单位 Region, field and research institution	合 计 Total				
	总 额 (千元) Total value (thousand yuan)	100 千元以上 Above 100 (thousand yuan)	100 千元以上台(套)数 Over 100 thousand yuan (set)	其中: 进口 (千元) Of which: Imported (thousand yuan)	100 千元以上 Above 100 (thousand yuan)
计算技术研究所 Inst. of Computing Technology	100515	49608	113	36572	31043
软件研究所 Inst. of Software	44596	14454	51	3880	3320
半导体研究所 Inst. of Semiconductors	382028	333540	429	259689	247498
微电子研究所 Inst. of Microelectronics	228398	203536	276	184477	178665
电子学研究所 Inst. of Electronics	329235	247572	607	177523	153593
自动化研究所 Inst. of Automation	55715	23147	58	14117	13876
光电研究院 Institutes of Optoelectronics	121148	84446	115	73478	72774
电工研究所 Inst. of Electrical Engineering	90327	59487	159	49458	35761
工程热物理研究所 Inst. of Engineering Thermophysics	45223	33447	72	14821	12336
空间科学与应用研究中心 Center for Space Science and Applied Research	143070	83951	214	47249	40895
对地观测与数字地球科学中心 Center for Earth Observation and Digital Earth	192158	165496	140	132139	126561
自然科学史研究所 Inst. of History of Natural Sciences	7623				
科技政策与管理科学研究所 Inst. of Policy and Management	8552				
山西煤炭化学研究所 Shanxi Inst. of Coal Chemistry	113315	72326	205	57870	50089
辽宁省、山东省 Liaoning and Shandong Provinces	1279095	1001405	2008	642834	580929
大连化学物理研究所 Dalian Inst. of Chemical Physics	516026	391396	838	200808	186010
沈阳应用生态研究所 Shenyang Inst. of Applied Ecology	71886	39415	128	32229	21183

其中: 20 世纪 90 年代制造 Of which: Made in the 1990s				其中: 2000 年及以后制造 Of which: Made after 2000			
总　额 (千元) Total value (thousand yuan)	100 千元以上 Above 100 (thousand yuan)	其中: 进口 (千元) Of which: Imported (thousand yuan)	100 千元以上 Above 100 (thousand yuan)	总　额 (千元) Total value (thousand yuan)	100 千元以上 Above 100 (thousand yuan)	其中: 进口 (千元) Of which: Imported (thousand yuan)	100 千元以上 Above 100 (thousand yuan)
6676	3275	2358	1895	93641	46195	34074	29008
670				43908	14454	3880	3320
72426	63399	53890	50883	303853	265481	201578	192934
75780	74938	73000	72594	138805	116245	97903	93719
22965	15331	15280	12067	301467	230864	160161	140567
1195	299			54496	22848	14117	13876
53116	22079	22055	21716	68032	62367	51423	51058
10150	6126	8154	5726	78380	53048	40054	29722
8404	6653	2030	1501	34838	25926	12612	10835
20308	18126	14261	11701	114668	64736	31477	28280
47459	45949	46169	45597	144652	119547	85970	80964
314				7309			
				8552			
14747	11106	11182	10475	93375	58812	43161	37336
144199	115514	65606	53816	1096907	857519	555187	509736
49373	42696			461003	343945	200808	186010
8411	6697	7377	4187	63194	32718	24776	16996

地区、学科及科研单位 Region，field and research institution	合 计 Total				
	总 额 (千元) Total value (thousand yuan)	100 千元以上 Above 100 (thousand yuan)	100 千元以上 台(套)数 Over 100 thousand yuan (set)	其中：进口 (千元) Of which: Imported (thousand yuan)	100 千元以上 Above 100 (thousand yuan)
沈阳自动化研究所 Shenyang Inst. of Automation	130318	92658	224	60727	50263
金属研究所 Inst. of Metals Research	413512	363211	551	251223	244516
海洋研究所 Inst. of Oceanology	147353	114725	267	97847	78957
吉林省 Jilin Province	660387	501323	979	370960	337103
长春应用化学研究所 Changchun Inst. of Applied Chemistry	254714	199635	404	189874	166548
东北地理与农业生态研究所 Northeast Inst. of Geography and Agricultural Ecology	51428	29220	91	17152	16055
长春光学精密机械与物理研究所 Changchun Inst. of Optics，Fine Mechanics and Physics	354245	272468	484	163934	154500
上海市、福建省、浙江省 Shanghai,Fujian Province, and Zhejiang Province	2908726	2190162	4393	1973770	1671593
上海应用物理研究所 Shanghai Inst. of Applied Physics	133339	81869	228	56279	49671
上海天文台 Shanghai Observatory	82037	68641	164	38475	33728
上海硅酸盐研究所 Shanghai Inst. of Ceramics	282083	243248	390	191636	185652
上海有机化学研究所 Shanghai Inst. of Organic Chemistry	183891	137155	257	129225	115056
上海药物研究所 Shanghai Inst. of Materia Medica	198145	153776	266	163568	139595
上海生命科学研究院 Shanghai Institutes for Biological Sciences	819030	517547	1258	599638	430245
上海微系统与信息技术研究所 Shanghai Inst. of Microsystem and Information Technology	375188	328204	501	230645	222494
上海光学精密机械研究所 Shanghai Inst. of Optics and Fine Mechanics	248202	187059	400	165551	146532
上海技术物理研究所 Shanghai Inst. of Technical Physics	423727	342961	674	293537	252928

其中: 20 世纪 90 年代制造 Of which: Made in the 1990s				其中: 2000 年及以后制造 Of which: Made after 2000			
总 额 (千元) Total value (thousand yuan)	100 千元以上 Above 100 (thousand yuan)	其中: 进口 (千元) Of which: Imported (thousand yuan)	100 千元以上 Above 100 (thousand yuan)	总 额 (千元) Total value (thousand yuan)	100 千元以上 Above 100 (thousand yuan)	其中: 进口 (千元) Of which: Imported (thousand yuan)	100 千元以上 Above 100 (thousand yuan)
8655	3875	4221	1804	119112	86589	54758	46921
55174	47104	35686	34163	332069	298265	199013	196318
22586	15142	18322	13662	121529	96002	75832	63491
59703	46178	40707	37529	572690	434428	307052	279533
29989	26355	26661	25349	215961	164736	154571	132760
5079	3399	1824	1824	45408	25270	14777	13680
24635	16424	12222	10356	311321	244422	137704	133093
385708	295849	305136	260608	2462138	1848685	1635598	1385191
13144	7263	6567	5892	110538	68554	43011	37864
11148	9488	4978	3995	55655	44480	32572	29260
40383	33689	32653	32062	228823	201073	153134	148872
31023	27771	26435	24863	152798	109384	102748	90193
9722	8362	8859	8362	184865	141856	151151	127675
138752	92711	118278	89455	679952	424836	481200	340790
32196	29459	25096	23990	340495	296318	203122	196077
30981	23328	21924	19790	212306	160871	140307	124246
64316	50382	49145	41977	349842	286215	237959	205952

地区、学科及科研单位 Region，field and research institution	合 计 Total				
	总 额 (千元) Total value (thousand yuan)	100 千元以上 Above 100 (thousand yuan)	100 千元以上台(套)数 Over 100 thousand yuan (set)	其中：进口 (千元) Of which: Imported (thousand yuan)	100 千元以上 Above 100 (thousand yuan)
福建物质结构研究所 Fujian Inst. of Research on the Structure of Matter	100971	75949	150	69714	61408
宁波材料技术与工程研究所 Ningbo Inst. of Material Technology and Engineering	62113	53753	105	35502	34284
江苏省 Jiangsu Province	293859	207442	565	152268	128115
紫金山天文台 Purple Mountain Observatory	144780	115499	305	54743	50652
南京地理与湖泊研究所 Nanjing Inst. of Geography and Limnology	51933	34530	105	40562	30967
南京地质古生物研究所 Nanjing Inst. of Geology and Palaeontology	29523	18026	46	22466	17253
南京土壤研究所 Nanjing Inst. of Soil Science	67623	39387	109	34497	29243
安徽省 Anhui Province	618608	500334	647	182958	165332
合肥物质科学研究院 Hefei Institutes of Physical Sciences	618608	500334	647	182958	165332
湖北省 Hubei Province	344269	246327	478	226355	200018
武汉物理与数学研究所 Wuhan Inst. of Physics and Mathematics	139481	123933	175	114002	108771
武汉岩土力学研究所 Wuhan Inst. of Rock and Soil Mechanics	30728	15626	41	14200	13281
测量与地球物理研究所 Inst. of Geodesy and Geophysics	17442	9310	27	7212	6853
武汉植物园 Wuhan Botanical Garden	20614	17820	22	9060	2450
水生生物研究所 Inst. of Hydrobiology	85452	54034	145	50257	46454
武汉病毒研究所 Wuhan Inst. of Virology	50552	25604	68	31624	22209
广东省、湖南省 Guangdong and Hunan Provinces	435527	330572	611	284183	251299

其中: 20 世纪 90 年代制造 Of which: Made in the 1990s				其中: 2000 年及以后制造 Of which: Made after 2000			
总 额 (千元) Total value (thousand yuan)	100 千元以上 Above 100 (thousand yuan)	其中: 进口 (千元) Of which: Imported (thousand yuan)	100 千元以上 Above 100 (thousand yuan)	总 额 (千元) Total value (thousand yuan)	100 千元以上 Above 100 (thousand yuan)	其中: 进口 (千元) Of which: Imported (thousand yuan)	100 千元以上 Above 100 (thousand yuan)
14043	13396	11201	10222	84751	61345	54892	49978
				62113	53753	35502	34284
33559	24675	22038	18978	252658	177847	124672	105810
7512	4952	3138	2957	133406	107021	48227	44369
7635	5642	6765	5642	43608	28888	33195	25324
5421	4527	5191	4527	22478	13499	15697	12726
12991	9554	6944	5852	53166	28439	27553	23391
119193	110649	30414	28621	472300	375543	150186	134693
119193	110649	30414	28621	472300	375543	150186	134693
46131	34833	33335	31171	289995	207696	188031	165197
16015	14884	14489	14096	122110	108198	97726	93572
8451	1820	2374	1695	20560	13806	11824	11586
3784	3458	2767	2697	9886	3458	1811	1762
1010	680	500	120	19404	17030	8560	2330
13268	11841	10413	10413	72184	42193	39844	36041
3603	2150	2792	2150	45851	23011	28266	19906
33775	30573	29303	27899	361353	259941	244318	208158

地区、学科及科研单位 Region, field and research institution	合 计 Total				
	总 额 (千元) Total value (thousand yuan)	100 千元以上 Above 100 (thousand yuan)	100 千元以上台(套)数 Over 100 thousand yuan (set)	其中：进口 (千元) Of which: Imported (thousand yuan)	100 千元以上 Above 100 (thousand yuan)
广州地球化学研究所 Guangzhou Inst. of Geochemistry	88036	74619	108	75924	72121
南海海洋研究所 South China Sea Inst. of Oceanology	136487	103404	179	84217	75101
华南植物园 South China Botanical Garden	46452	29839	69	26642	20734
广州生物医药与健康研究院 Guangzhou Inst. of Biomedicine and Health	82958	60849	136	71970	60174
广州能源研究所 Guangzhou Inst. of Energy Conversion	60252	46508	84	12087	11381
亚热带农业生态研究所 Inst. of Subtropical Agriculture	21342	15353	35	13343	11788
四川省 Sichuan Province	359030	260861	556	217926	190235
成都山地灾害与环境研究所 Chengdu Inst. of Mountain Hazards and Environment	36621	19213	70	18596	13280
成都生物研究所 Chengdu Inst. of Biology	51880	29261	71	30550	23430
光电技术研究所 Inst. of Optics and Electronics	270529	212387	415	168780	153525
云南省、贵州省 Yunnan and Guizhou Provinces	255294	151153	336	162486	124210
地球化学研究所 Inst. of Geochemistry	79938	56274	64	56539	52471
昆明植物研究所 Kunming Inst. of Botany	70104	35113	85	32569	23073
西双版纳热带植物园 Xishuangbanna Tropical Botanical Garden	25406	15314	71	12055	9928
昆明动物研究所 Kunming Inst. of Zoology	79846	44452	116	61323	38738
陕西省 Shaanxi Province	358978	300024	533	199831	179157
地球环境研究所 Inst. of Earth Environment	43019	39130	62	38851	36505

其中: 20 世纪 90 年代制造 Of which: Made in the 1990s				其中: 2000 年及以后制造 Of which: Made after 2000			
总 额 (千元) Total value (thousand yuan)	100 千元以上 Above 100 (thousand yuan)	其中: 进口 (千元) Of which: Imported (thousand yuan)	100 千元以上 Above 100 (thousand yuan)	总 额 (千元) Total value (thousand yuan)	100 千元以上 Above 100 (thousand yuan)	其中: 进口 (千元) Of which: Imported (thousand yuan)	100 千元以上 Above 100 (thousand yuan)
14727	13874	14048	13591	70693	58438	59509	56223
9564	9564	8999	8999	89332	56249	67023	53167
5112	3968	4640	3726	41340	25871	22002	17008
				82958	60849	71970	60174
3270	2430	1616	1583	56963	44078	10471	9798
1102	737			20067	14456	13343	11788
43582	31493	28307	24320	305938	226758	185738	164065
5401	4101	3728	3149	30721	15112	14599	10131
11266	5589	6075	4375	39546	23672	24106	19055
26915	21803	18504	16796	235671	187974	147033	134879
34539	23842	22502	18379	217708	126623	139133	105545
11798	9996	10419	9996	67617	45876	46120	42475
11950	6890	2164	1427	55630	27937	29554	21360
13				25393	15314	12055	9928
10778	6956	9919	6956	69068	37496	51404	31782
33316	26736	24435	22242	300783	257239	170422	153739
4640	4371	4576	4371	38379	34758	34275	32134

地区、学科及科研单位 Region, field and research institution	合 计 Total				
	总 额 (千元) Total value (thousand yuan)	100 千元以上 Above 100 (thousand yuan)	100 千元以上台(套)数 Over 100 thousand yuan (set)	其中: 进口 (千元) Of which: Imported (thousand yuan)	100 千元以上 Above 100 (thousand yuan)
西安光学精密机械研究所 Xi'an Inst. of Optics and Precision Mechanics	122597	84948	210	63635	54508
国家授时中心 National Time Service Center	193362	175946	261	97345	88144
甘肃省、青海省 Gansu and Qinghai Provinces	949637	690244	1669	315783	254336
近代物理研究所 Inst. of Modern Physics	562040	420015	988	134118	94978
兰州化学物理研究所 Lanzhou Inst. of Chemical Physics	136756	106471	220	84927	79364
寒区旱区环境与工程研究所 Cold and Arid Regions Environmental and Engineering Research Inst.	190546	122688	362	60261	48667
青海盐湖研究所 Qinghai Inst. of Saline Lakes	27261	19452	31	15688	15530
西北高原生物研究所 Northwest Inst. of Plateau Biology	33034	21618	68	20789	15797
新疆维吾尔自治区 Xinjiang Uygur Autonomous Region	100312	64514	192	47678	42349
新疆理化技术研究所 Xinjiang Technical Inst. of Physics and Chemistry	39556	30275	69	24482	22060
新疆生态与地理研究所 Xinjiang Inst. of Ecology and Geography	60756	34239	123	23196	20289

续表 6-6

其中: 20 世纪 90 年代制造 Of which: Made in the 1990s				其中: 2000 年及以后制造 Of which: Made after 2000			
总 额 (千元) Total value (thousand yuan)	100 千元以上 Above 100 (thousand yuan)	其中: 进口 (千元) Of which: Imported (thousand yuan)	100 千元以上 Above 100 (thousand yuan)	总 额 (千元) Total value (thousand yuan)	100 千元以上 Above 100 (thousand yuan)	其中: 进口 (千元) Of which: Imported (thousand yuan)	100 千元以上 Above 100 (thousand yuan)
19449	16387	15404	14130	97010	67436	47040	39944
9227	5978	4455	3741	165394	155045	89107	81661
92376	71265	46190	37595	811312	580841	260377	210683
44458	29933	14439	7125	481998	357234	116579	86007
21215	19024	16997	16872	111949	85590	65944	61072
21198	18386	11459	10564	167671	103463	48170	37904
2712	1997	1294	1294	20500	14861	11801	11643
2793	1925	2001	1740	29194	19693	17883	14057
8567	5526	5003	4369	87927	56445	39481	35437
3293	2541	2833	2426	34386	26735	20042	18635
5274	2985	2170	1943	53541	29710	19439	16802

6-7 科研机构研究与试验发展人员全时当量
Full-time Equivalent of R&D Personnel in Research Institutions

单位：人·年 (man · year)

年 份 Year	研究与试验发展人员全时当量 Total full-time equivalent of R&D personnel (A)	基础研究 Basic research	应用研究 Applied research	试验发展 Experimental development	其中：科学家和工程师 Among which: Scientists and engineers (B)	比 重 % of total (B/A)
1996	30677	10890	16259	3528	25455	83.0
1997	30181	10956	16237	2988	25085	83.1
1998	30611	11295	16591	2725	26585	86.8
1999	28436	10408	15810	2218	24771	87.1
2000	28084	11262	14940	1882	24666	87.8
2001	25199	10584	13154	1461	22541	89.5
2002	27646	11114	15205	1327	23413	84.7
2003	30937	12529	16892	1516	25903	83.7
2004	34898	14521	18901	1476	29457	84.4
2005	37246	15494	20076	1676	31014	83.3
2006	38911	17061	19283	2567	31589	81.2
2007	44307	14653	25205	4449	37026	83.6
2008	45358	15713	25235	4410	37416	82.5

注：R&D 人员折合全时工作量=R&D 课题人员折合全时工作量+管理 R&D 课题的科技管理人员和为 R&D 课题提供直接服务的科技服务人员的折合全时工作量。

Note:The full-time equivalent of R&D personnel is equivalent to the full-time equivalent of R&D project personnel plus that of management and service personnel directly for the R&D projects.

6-8 科研机构研究与试验发展经费支出
Research Institution R&D Expenditure

单位：亿元 (100 million yuan)

年 份 Year	研究与试验发展经费支出 Total R&D expenditure	基础研究 Basic research	比重 % of total	应用研究 Applied research	比重 % of total	试验发展 Experimental development	比重 % of total	占全国 R&D 经费支出% Percentage of national R&D expenditure
1996	21.90	6.88	31.4	11.11	50.7	3.91	17.9	5.4
1997	24.73	7.62	30.8	13.52	54.7	3.59	14.5	4.9
1998	27.33	8.66	31.7	14.84	54.3	3.83	14.0	5.0
1999	31.24	10.62	34.0	16.81	53.8	3.81	12.2	4.6
2000	40.28	14.82	36.8	21.70	53.9	3.76	9.3	4.5
2001	53.60	21.35	39.8	28.05	52.3	4.20	7.9	5.1
2002	78.08	29.20	37.4	43.33	55.5	5.55	7.1	6.1
2003	82.84	29.99	36.2	46.86	56.6	5.99	7.2	5.4
2004	93.20	33.53	36.0	53.39	57.3	6.28	6.7	4.7
2005	106.57	36.55	34.3	62.24	58.4	7.78	7.3	4.4
2006	109.87	40.98	37.3	58.12	52.9	10.77	9.8	3.7
2007	125.25	41.42	33.1	71.25	56.9	12.58	10	3.4
2008	153.53	53.27	34.7	85.42	55.6	14.93	9.7	

注：研究与试验发展经费支出包括用于 R&D 活动的科研基建费。

Note: The total R&D expenditure includes the capital construction of scientific research for R&D activities.

6-9 科研机构科技活动课题基本情况
Basic Statistics of S&T Projects in CAS Research Institutions

年 份 Year	课题数 Projects	课题经费支出(千元) Expenditure by project (thousand yuan)	课题参加人员全时当量(人·年) Full-time equivalent of project participants (man·year)	
				科学家和工程师 Scientists & engineers
1985	6220	298448	30650	23756
1986	6217	256235	30337	23144
1987	7091	334353	29125	22989
1988	7579	406347	29565	24477
1989	8287	478258	31015	26115
1990	8476	500561	30283	26780
1991	8051	472828	25463	22063
1992	9503	665757	24769	22342
1993	9922	818096	26405	24010
1994	9996	1129106	25374	23149
1995	10139	1169028	23382	21774
1996	9359	1144557	22742	21341
1997	10011	1475554	24437	22945
1998	10738	1626599	24665	23173
1999	10346	1967568	23206	21989
2000	10745	2622420	23202	21832
2001	10370	3084858	22009	20737
2002	10997	3958123	26454	23989
2003	11491	4358637	27101	24709
2004	12026	4968575	30408	28297
2005	12712	5526474	33360	30711
2006	14400	5778352	34753	32247
2007	17699	7473185	40283	38765
2008	19908	9148493	41027	39178

注：1. 课题数包括基础研究、应用研究、试验发展、研究与试验发展成果应用、科技服务和生产性活动课题。

Note: The figures include projects in basic research, applied research, experimental development, application of research and experimental development results, scientific and technical services and productive activities.

2. 课题参加人员全时当量包括参与全部课题的本单位人员及流动人员。

The full-time equivalent of project participants includes those who are from the institute as well as the staff on mobility for the project.

6-10 科研机构科技活动课题综合情况(2008 年)

Statistics of S&T Projects in CAS Research Institutions: 2008

地区及学科 Region and field	课题数 Projects		课题经费支出 (千元) Expenditure by project (thousand yuan)	课题参加人员全时当量(人・年) Full-time equivalent of project participants (man・year)	
		当年开题 Number of projects started		本单位人员 Institution staff	流动人员 Staff on mobility
总 计 Total	**19908**	**5443**	**9148493**	**20349**	**20678**
一、按地区、分院分 By region and branch					
北京分院(筹) Beijing Branch	8421	2366	4019302	8094	10290
沈阳分院 Shenyang Branch	1263	263	714762	1779	1213
长春分院 Changchun Branch	901	223	668263	1553	923
上海分院 Shanghai Branch	3095	805	1643635	3244	2961
南京分院 Nanjing Branch	849	218	210356	481	511
合肥地区 Hefei Area	358	101	230816	678	528
武汉分院 Wuhan Branch	1041	316	279727	659	893
广州分院 Guangzhou Branch	1131	285	290486	796	860
成都分院 Chengdu Branch	560	210	359633	717	553

地区及学科 Region and field	课题数 Projects		课题经费支出(千元) Expenditure by project (thousand yuan)	课题参加人员全时当量(人·年) Full-time equivalent of project participants (man·year)	
		当年开题 Number of projects started		本单位人员 Institution staff	流动人员 Staff on mobility
昆明分院 Kunming Branch	856	197	184278	517	642
西安分院 Xi'an Branch	257	65	143019	486	192
兰州分院 Lanzhou Branch	879	259	336146	1061	807
新疆分院 Xinjiang Branch	297	135	68070	284	306
二、按学科分 By field					
数学、物理 Mathematics & physics	3690	995	1679309	4471	4048
化学与化工 Chemistry & chemical engineering	2920	751	1514110	3470	3234
地学 Earth sciences	4113	1277	1242107	2872	3093
生物学 Biological sciences	4906	1159	1850437	3551	5391
技术科学 Technological sciences	4128	1178	2830134	5846	4779
其他 Others	151	83	32396	138	132

注：流动人员指参与课题研究的在学研究生、在站博士后、客座人员及外聘人员等。

Note: The staff on mobility refers to the post graduates, post doctorate researchers, visiting scholars and invited staff who are participating in project research.

6-11 科研机构科技活动课

Total S&T Projects in CAS Research

地区及学科 Region and field	基础研究课题 Basic research				
	课题数 Projects	课题经费支出(千元) Expenditure by project (thousand yuan)	课题参加人员全时当量(人·年) Full-time equivalent of project participants (man·year)		课题数 Projects
			本单位人员 Institution staff	流动人员 Staff on mobility	
总 计 Total	**8065**	**3011874**	**6959**	**8702**	**10291**
一、按地区、分院分 By region and branch					
北京分院(筹) Beijing Branch	3374	1348156	2935	4456	4493
沈阳分院 Shenyang Branch	343	142696	376	354	775
长春分院 Changchun Branch	119	36428	140	103	622
上海分院 Shanghai Branch	1398	684916	1182	1364	1583
南京分院 Nanjing Branch	307	62531	189	197	500
合肥地区 Hefei Area	159	121701	314	237	177
武汉分院 Wuhan Branch	525	118824	326	497	486
广州分院 Guangzhou Branch	471	84603	293	369	457
成都分院 Chengdu Branch	164	42749	121	174	305
昆明分院 Kunming Branch	605	123392	354	472	209
西安分院 Xi'an Branch	59	13390	42	33	172
兰州分院 Lanzhou Branch	474	215417	642	392	314
新疆分院 Xinjiang Branch	67	17071	44	55	198

题按活动类型分类(2008 年)

Institutions, by Type of Research: 2008

应用研究课题 Applied research			试验发展课题 Experimental development			
课题经费支出(千元) Expenditure by project (thousand yuan)	课题参加人员全时当量(人・年) Full-time equivalent of project participants (man・year)		课题数 Projects	课题经费支出(千元) Expenditure by project (thousand yuan)	课题参加人员全时当量(人・年) Full-time equivalent of project participants (man・year)	
	本单位人员 Institution staff	流动人员 Staff on mobility			本单位人员 Institution staff	流动人员 Staff on mobility
4837213	**10697**	**10202**	**686**	**806158**	**1343**	**949**
2323705	4447	5107	248	191219	361	327
409283	1107	747	70	95461	132	63
296034	937	478	133	293052	424	329
879641	1811	1513	26	17266	53	21
138459	268	301	13	4176	7	8
102551	332	261	3	1601	5	4
130920	280	367	9	3740	7	3
136821	311	334	64	13997	46	44
147683	322	287	31	142430	161	47
53879	134	154	9	3894	9	5
107141	268	135	13	9673	41	12
73952	298	327	44	19918	65	50
37144	183	193	23	9731	32	36

地区及学科 Region and field	基础研究课题 Basic research				
	课题数 Projects	课题经费支出(千元) Expenditure by project (thousand yuan)	课题参加人员全时当量(人·年) Full-time equivalent of project participants (man·year)		课题数 Projects
			本单位人员 Institution staff	流动人员 Staff on mobility	
二、按学科分 By field					
数学、物理 Mathematics & physics	1671	665556	1824	1752	1732
化学与化工 Chemistry & chemical engineering	869	407015	989	1288	1704
地学 Earth sciences	2106	606937	1478	1642	1822
生物学 Biological sciences	2819	1139754	2049	3300	1909
技术科学 Technological sciences	557	182994	580	693	3020
其他 Others	43	9618	39	28	104

地区及学科 Region and field	研究与试验发展成果应用课题 Application of R&D results				
	课题数 Projects	课题经费支出(千元) Expenditure by project (thousand yuan)	课题参加人员全时当量(人·年) Full-time equivalent of project participants (man·year)		课题数 Projects
			本单位人员 Institution staff	流动人员 Staff on mobility	
总 计 Total	**389**	**241226**	**628**	**398**	**441**
一、按地区、分院分 By region and branch					
北京分院(筹) Beijing Branch	127	78028	157	205	171
沈阳分院 Shenyang Branch	64	54694	150	40	11
长春分院 Changchun Branch	12	1015	17	1	11
上海分院 Shanghai Branch	50	47620	128	43	36
南京分院 Nanjing Branch	5	805	3	0	24

应用研究课题 Applied research			试验发展课题 Experimental development			
课题经费支出(千元) Expenditure by project (thousand yuan)	课题参加人员全时当量(人·年) Full-time equivalent of project participants (man·year)		课题数 Projects	课题经费支出(千元) Expenditure by project (thousand yuan)	课题参加人员全时当量(人·年) Full-time equivalent of project participants (man·year)	
	本单位人员 Institution staff	流动人员 Staff on mobility			本单位人员 Institution staff	流动人员 Staff on mobility
831391	2065	1921	123	82669	226	202
859579	1938	1680	184	130466	284	132
552958	1240	1280	87	30127	65	69
668265	1359	1928	45	14920	38	47
1904532	4001	3293	247	547976	731	500
20488	95	100				

科技服务课题 S&T services			生产性活动课题 Production activities			
课题经费支出(千元) Expenditure by project (thousand yuan)	课题参加人员全时当量(人·年) Full-time equivalent of project participants (man·year)		课题数 Projects	课题经费支出(千元) Expenditure by project (thousand yuan)	课题参加人员全时当量(人·年) Full-time equivalent of project participants (man·year)	
	本单位人员 Institution staff	流动人员 Staff on mobility			本单位人员 Institution staff	流动人员 Staff on mobility
235239	**648**	**400**	**36**	**16783**	**73**	**26**
73578	167	192	8	4616	27	4
12628	15	9				
35729	27	10	4	6005	9	2
13245	69	19	2	947	2	1
4385	14	5				

地区及学科 Region and field	研究与试验发展成果应用课题 Application of R&D results				
	课题数 Projects	课题经费支出(千元) Expenditure by project (thousand yuan)	课题参加人员全时当量(人·年) Full-time equivalent of project participants (man·year)		课题数 Projects
			本单位人员 Institution staff	流动人员 Staff on mobility	
合肥地区 Hefei Area	1	462	1	0	18
武汉分院 Wuhan Branch	7	4731	8	4	14
广州分院 Guangzhou Branch	31	2998	15	25	104
成都分院 Chengdu Branch	50	21711	91	31	6
昆明分院 Kunming Branch	7	625	2	3	23
西安分院 Xi'an Branch	5	1419	15	4	7
兰州分院 Lanzhou Branch	24	23465	24	23	13
新疆分院 Xinjiang Branch	6	3653	18	20	3
二、按学科分 By field					
数学、物理 Mathematics & physics	47	43578	93	76	107
化学与化工 Chemistry & chemical engineering	83	69667	148	57	71
地学 Earth sciences	28	4246	13	30	66
生物学 Biological sciences	36	8428	20	27	93
技术科学 Technological sciences	195	115307	355	209	100
其他 Others					4

科技服务课题 S&T services			生产性活动课题 Production activities			
课题经费支出(千元) Expenditure by project (thousand yuan)	课题参加人员全时当量(人·年) Full-time equivalent of project participants (man·year)		课题数 Projects	课题经费支出(千元) Expenditure by project (thousand yuan)	课题参加人员全时当量(人·年) Full-time equivalent of project participants (man·year)	
	本单位人员 Institution staff	流动人员 Staff on mobility			本单位人员 Institution staff	流动人员 Staff on mobility
4501	26	25				
21512	38	23				
51840	130	86	4	227	0	2
1144	6	8	4	3916	16	7
2346	17	5	3	142	1	3
11316	118	8	1	80	2	
2544	15	7	10	850	16	7
471	6	3				
54264	251	96	10	1851	13	2
40032	95	68	9	7351	17	9
47612	76	70	4	227	0	2
18918	85	86	4	152	2	4
72123	138	77	9	7202	41	9
2290	4	4				

6-12 科研机构科技活动课题

Total S&T Projects in CAS Research

地区及学科 Region and field	国 家 State				
	课题数 Projects	课题经费支出(千元) Expenditure by project (thousand yuan)	课题参加人员全时当量(人·年) Full-time equivalent of project participants (man·year)		课题数 Projects
			本单位人员 Institution staff	流动人员 Staff on mobility	
总 计 Total	**9904**	**5192836**	**10629**	**11802**	**3287**
一、按地区、分院分 By region and branch					
北京分院(筹) Beijing Branch	4857	2447956	4610	6540	1351
沈阳分院 Shenyang Branch	717	371903	1026	781	142
长春分院 Changchun Branch	423	513146	875	612	108
上海分院 Shanghai Branch	1343	795243	1627	1420	519
南京分院 Nanjing Branch	425	129691	225	285	146
合肥地区 Hefei Area	193	67431	247	287	99
武汉分院 Wuhan Branch	382	111213	267	417	148
广州分院 Guangzhou Branch	471	123808	310	355	147
成都分院 Chengdu Branch	230	275085	432	270	106
昆明分院 Kunming Branch	302	86719	214	283	168
西安分院 Xi’an Branch	135	100173	295	80	66
兰州分院 Lanzhou Branch	340	155531	424	373	235
新疆分院 Xinjiang Branch	86	14937	77	99	52

按主要任务来源分类(2008年)

Institutions, by Source of Project: 2008

中国科学院 CAS			地方 Locality			
课题经费支出(千元) Expenditure by project (thousand yuan)	课题参加人员全时当量(人·年) Full-time equivalent of project participants (man·year)		课题数 Projects	课题经费支出(千元) Expenditure by project (thousand yuan)	课题参加人员全时当量(人·年) Full-time equivalent of project participants (man·year)	
	本单位人员 Institution staff	流动人员 Staff on mobility			本单位人员 Institution staff	流动人员 Staff on mobility
1690074	**3479**	**3491**	**1930**	**335674**	**1401**	**1364**
789455	1458	1618	284	65570	182	255
69821	186	148	81	14571	88	62
59694	149	116	126	26236	184	79
272461	509	551	543	97390	374	388
43819	111	75	67	5897	37	40
118349	251	171	20	3290	29	27
62155	109	143	173	33264	88	92
62449	112	108	249	41255	176	178
28396	92	121	77	13885	55	48
50505	121	123	139	13007	54	73
26028	94	55	2	15	2	0
82466	214	194	75	9209	58	54
24476	74	69	94	12085	75	68

地区及学科 Region and field	国家 State				
	课题数 Projects	课题经费支出(千元) Expenditure by project (thousand yuan)	课题参加人员全时当量(人·年) Full-time equivalent of project participants (man·year)		课题数 Projects
			本单位人员 Institution staff	流动人员 Staff on mobility	
二、按学科分 By field					
数学、物理 Mathematics & physics	1852	845690	2329	2152	719
化学与化工 Chemistry & chemical engineering	1349	705518	1499	1769	451
地学 Earth sciences	2055	647224	1373	1685	674
生物学 Biological sciences	2292	885195	1765	2997	926
技术科学 Technological sciences	2302	2101408	3621	3155	472
其他 Others	54	7801	42	44	45

地区及学科 Region and field	企业委托 Entrusted by enterprises				
	课题数 Projects	课题经费支出(千元) Expenditure by project (thousand yuan)	课题参加人员全时当量(人·年) Full-time equivalent of project participants (man·year)		课题数 Projects
			本单位人员 Institution staff	流动人员 Staff on mobility	
总计 Total	**1513**	**769881**	**1654**	**1147**	**2373**
一、按地区、分院分 By region and branch					
北京分院(筹) Beijing Branch	724	305580	628	605	783
沈阳分院 Shenyang Branch	188	211180	311	122	100
长春分院 Changchun Branch	48	7983	65	5	182
上海分院 Shanghai Branch	143	75155	163	98	444
南京分院 Nanjing Branch	18	11525	14	29	162

中国科学院 CAS			地方 Locality			
课题经费支出(千元) Expenditure by project (thousand yuan)	课题参加人员全时当量(人·年) Full-time equivalent of project participants (man·year)		课题数 Projects	课题经费支出(千元) Expenditure by project (thousand yuan)	课题参加人员全时当量(人·年) Full-time equivalent of project participants (man·year)	
	本单位人员 Institution staff	流动人员 Staff on mobility			本单位人员 Institution staff	流动人员 Staff on mobility
485907	1021	864	237	53534	164	138
269536	537	608	295	61947	294	218
264299	516	507	465	68669	276	294
403344	784	1073	625	98946	376	454
252704	572	398	286	47862	271	235
14284	49	41	22	4716	21	24

研究所自选 Institute self-selection			国际合作 International cooperation			
课题经费支出(千元) Expenditure by project (thousand yuan)	课题参加人员全时当量(人·年) Full-time equivalent of project participants (man·year)		课题数 Projects	课题经费支出(千元) Expenditure by project (thousand yuan)	课题参加人员全时当量(人·年) Full-time equivalent of project participants (man·year)	
	本单位人员 Institution staff	流动人员 Staff on mobility			本单位人员 Institution staff	流动人员 Staff on mobility
775446	**2351**	**2172**	**447**	**223835**	**380**	**397**
240674	881	934	189	99677	188	202
23244	103	67	30	22575	60	29
49972	251	95	8	8483	18	11
341777	522	452	75	53994	35	41
14911	81	71	14	3304	8	7

地区及学科 Region and field	企业委托 Entrusted by enterprises				
	课题数 Projects	课题经费支出(千元) Expenditure by project (thousand yuan)	课题参加人员全时当量(人·年) Full-time equivalent of project participants (man·year)		课题数 Projects
			本单位人员 Institution staff	流动人员 Staff on mobility	
合肥地区 Hefei Area	11	29150	62	4	30
武汉分院 Wuhan Branch	66	30530	71	46	220
广州分院 Guangzhou Branch	92	47722	93	93	133
成都分院 Chengdu Branch	80	18033	83	42	50
昆明分院 Kunming Branch	43	7540	23	15	116
西安分院 Xi'an Branch	6	1936	19	6	19
兰州分院 Lanzhou Branch	75	18009	100	59	98
新疆分院 Xinjiang Branch	19	5538	22	23	36
二、按学科分 By field					
数学、物理 Mathematics & physics	187	109627	323	226	549
化学与化工 Chemistry & chemical engineering	338	267199	462	270	390
地学 Earth sciences	291	129685	158	185	354
生物学 Biological sciences	248	71579	165	178	589
技术科学 Technological sciences	438	189259	536	278	481
其他 Others	11	2532	10	12	10

研究所自选 Institute self-selection			国际合作 International cooperation			
课题经费支出(千元) Expenditure by project (thousand yuan)	课题参加人员全时当量(人・年) Full-time equivalent of project participants (man・year)		课题数 Projects	课题经费支出(千元) Expenditure by project (thousand yuan)	课题参加人员全时当量(人・年) Full-time equivalent of project participants (man・year)	
	本单位人员 Institution staff	流动人员 Staff on mobility			本单位人员 Institution staff	流动人员 Staff on mobility
10923	84	32				
28014	105	146	32	10391	13	26
9759	83	103	22	3676	13	14
11368	38	58	14	3250	10	11
13400	66	95	40	10756	18	33
6964	39	7				
16249	71	81	13	4886	9	8
8191	27	30	10	2843	8	17
147784	540	557	39	18209	18	26
139571	573	305	62	57358	78	45
37328	260	245	93	25336	58	78
315608	346	513	189	69359	96	151
134181	626	548	57	51686	121	92
974	6	4	7	1887	9	6

6-13 科研机构科技活动课题按技术领域分类(2008 年)

Total S&T Projects in CAS Research Institutions, by Field of Technology: 2008

技术领域 Field of Technology	课题数 Projects	课题经费支出 (千元) Expenditure by project (thousand yuan)	课题参加人员全时当量(人·年) Full-time equivalent of project participants (man·year)	
			本单位人员 Institution staff	流动人员 Staff on mobility
总 计 **Total**	**15636**	**7628747**	**16747**	**16070**
信息技术 Information technology	2292	1281726	2988	2783
生物和现代农业技术 Biotechnology & modern agricultural technology	4149	1569082	2999	4056
新材料技术 New materials technology	1743	754573	1900	1693
能源技术 Energy technology	795	465191	913	805
激光技术 Laser technology	287	219409	448	357
先进制造与自动化技术 Advanced manufacturing & automation technology	517	487674	940	515
航天技术 Space technology	464	584587	941	575
资源与环境技术 Resources & environmental technology	3424	1116161	2707	3463
其他技术领域 Other technologies	1965	1150344	2911	1824

6-14 科研机构科技著作

S&T Works Published by CAS Research Institutions

年份 Year	科技专著 S&T works		译成外文 Those translated into foreign languages		用作大专院校教科书 Those used as text books for universities and colleges		科普著作 Popular science books	
	万字 Ten thousand Chinese characters	种 Title	万字 Ten thousand Chinese characters	种 Title	万字 Ten thousand Chinese characters	种 Title	万字 Ten thousand Chinese characters	种 Title
1985	4323		288		293		601	
1986	4529		413		410		474	
1987	5625	195	717	21	945	33	587	37
1988	8191	455	667	38	854	36	818	35
1989	7798	297	356	18	432	22	984	37
1990	11477	345	285	20	769	27	931	47
1991	9221	319	625	19	900	23	1105	41
1992	8316	245	463	18	383	11	357	12
1993	9792	292	1294	38	125	6	405	16
1994	13978	334	1398	29	248	9	1005	42
1995	11922	337	741	23	241	8	518	25
1996	11044	297	1430	36	109	5	481	24
1997	9541	296	621	19	179	5	990	36
1998	12712	347	804	25	539	14	861	36
1999	14474	371	1866	32	337	12	1114	55
2000	17327	429	1304	42	172	10	2979	103
2001	14650	348	648	31	418	17	2628	97
2002	15319	534	1289	37	1046	20	1102	83
2003	13467	401	1143	31	1303	21	1321	55
2004	15486	330	854	31	607	12	1622	68
2005	12228	330	884	35	414	15	800	60
2006	12178	323	758	24	508	13	1339	40
2007	10723	273	988	30	445	9	926	43
2008	12848	330	866	45	243	5	1001	48

6-15 科研机构科技著作(2008年)

S&T Works Published by CAS Research Institutions: 2008

地区及学科 Region and field	科技专著 S&T works		译成外文 Those translated into foreign languages		用作大专院校教科书 Those used as text books for universities and colleges		科普著作 Popular science books	
	万字 Ten thousand Chinese characters	种 Title	万字 Ten thousand Chinese characters	种 Title	万字 Ten thousand Chinese characters	种 Title	万字 Ten thousand Chinese characters	种 Title
总计 Total	**12848**	**330**	**866**	**45**	**243**	**5**	**1001**	**48**
一、按地区、分院分 By region and branch								
北京分院(筹) Beijing Branch	6371	198	578	37	144	3	592	22
沈阳分院 Shenyang Branch	1430	27	57	1				
长春分院 Changchun Branch	875	14						
上海分院 Shanghai Branch	458	8	42	2			192	8
南京分院 Nanjing Branch	978	20	140	3			47	2
合肥地区 Hefei Area								
武汉分院 Wuhan Branch	391	10			99	2	22	2
广州分院 Guangzhou Branch	601	12					35	2
成都分院 Chengdu Branch	383	13	8	1			76	7

地区及学科 Region and field	科技专著 S&T works		译成外文 Those translated into foreign languages		用作大专院校教科书 Those used as text books for universities and colleges		科普著作 Popular science books	
	万字 Ten thousand Chinese characters	种 Title	万字 Ten thousand Chinese characters	种 Title	万字 Ten thousand Chinese characters	种 Title	万字 Ten thousand Chinese characters	种 Title
昆明分院 Kunming Branch	430	13	41	1			32	3
西安分院 Xi'an Branch	35	1						
兰州分院 Lanzhou Branch	742	11						
新疆分院 Xinjiang Branch	154	3					5	2
二、按学科分 By field								
数学、物理 Mathematics & physics	1582	47	100	5	46	1	67	5
化学与化工 Chemistry & chemical engineering	1273	25	22	1			254	6
地学 Earth sciences	3725	95	323	15	5	1	234	14
生物学 Biological sciences	3750	83	91	5	192	3	378	19
技术科学 Technological sciences	1540	53	330	19			63	3
其他 Others	978	27					5	1

6-16 学校及公共支撑机构科技活动课题综合情况(2008 年)

Statistics of S&T Projects in Universities and CAS Supporting Institutions: 2008

单 位 Unit	课题数合计 Total projects	当年开题 Number of projects started	课题经费支出 (千元) Expenditure by project (thousand yuan)	课题参加人员全时当量(人·年) Full-time equivalent of project participants (man·year)	
				本单位人员 Institution staff	流动人员 Staff on mobility
总 计 **Total**	**1928**	**546**	**311103**	**909**	**215**
中国科学技术大学 University of Science and Technology of China	1437	376	229305	516	33
中国科学院研究生院 Graduate University of Chinese Academy of Sciences	277	104	30943	118	117
计算机网络信息中心 Computer Network Information Center	48	20	27949	104	59

续表 6-16

单 位 Unit	课题数合计 Total projects	当年开题 Number of projects started	课题经费支出(千元) Expenditure by project (thousand yuan)	课题参加人员全时当量(人·年) Full-time equivalent of project participants (man·year)	
				本单位人员 Institution staff	流动人员 Staff on mobility
国家科学图书馆(筹) National Science Library	94	13	18647	86	5
国家科学图书馆武汉分馆(筹) The Wuhan Branch of the National Science Library	21	13	1914	28	1
国家科学图书馆成都分馆(筹) The Chengdu Branch of the National Science Library	18	10	1072	27	2
国家科学图书馆兰州分馆(筹) The Lanzhou Branch of the National Science Library	33	10	1273	31	

6-17 国家重点实验

Basic Statistics of Staff in the

单位：人

国家重点实验室名称 Names of the state key laboratories	固定研究人员 Permanent researchers	
		高 级 Senior
总 计 **Total**	**4554**	**2939**
数学、物理 Mathematics & physics		
中国科学技术大学合肥微尺度物质科学国家实验室(筹) National Laboratory For Physical Sciences At the Microscale, University of Science and Technology of China	153	122
中国科学院物理研究所北京凝聚态物理国家实验室(筹) National Laboratory For Condensed Matter Physics, Institute of Physics, CAS	340	217
中国科学院物理研究所、半导体研究所表面物理国家重点实验室 State Key Laboratory of Surface Physics, Institute of Physics and Institute of Semiconductors, CAS		
中国科学院物理研究所超导国家重点实验室 State Key Laboratory of Superconductivity, Institute of Physics, CAS		
中国科学院物理研究所磁学国家重点实验室 State Key Laboratory of Magnetism, Institute of Physics, CAS		
中国科学院武汉物理与数学研究所波谱与原子分子物理国家重点实验室 State Key Laboratory of Magnetic Resonance and Atomic and Molecular Physics and Mathematics, Wuhan Institute of Physics, CAS	66	49
中国科学院声学研究所声场与声信息国家重点实验室 State Key Laboratory of Acoustics, Speech and Signal Processing, Institute of Acoustics, CAS	35	25
中国科学院力学研究所非线性力学国家重点实验室 State Key Laboratory of Nonlinear Mechanics, Institute of Mechanics, CAS	37	24
中国科学院数学与系统科学研究院科学与工程计算国家重点实验室 State Key Laboratory of Scientific and Engineering Computing, Academy of Mathmatics and System Science, CAS	35	23
中国科学院半导体研究所半导体超晶格国家重点实验室 State Key Laboratory of Superlattices and Microstructures, Institute of Semiconductors, CAS	26	22
中国科学院上海光学精密机械研究所强场激光物理国家重点实验室 State Key Laboratory of High Field Laser Physics, Shanghai Institute of Optics and Fine Mechanics, CAS	47	32

室人员情况(2008 年)

State Key Laboratories: 2008

(person)

客座研究人员 Guest researchers			人才培养 Talent training		
	国 外 Overseas	国内高级 Senior	博士后 Postdocs	博 士 Candidates for doctor's degree	硕 士 Candidates for master's degree
2217	**497**	**981**	**753**	**9375**	**5946**
3	2	1	28	658	568
115	59	36	25	527	239
50	33	10	5	137	118
63		23	4	46	27
18	6	11	3	50	59
21	10	5	8	74	39
9	2	3	4	122	
24	3	24		85	49

国家重点实验室名称 Names of the state key laboratories	固定研究人员 Permanent researchers	高级 Senior
化学 Chemistry		
中国科学院化学研究所北京分子科学国家实验室(筹) National Laboratory For Molecular Sciences,Institute of Chemistry, CAS	294	214
分子动态与稳态结构国家重点实验室(中国科学院化学研究所、北京大学) State Key Laboratory of Structural Chemistry of Unstable and Stable Species (Institute of Chemistry, CAS and Peking University)		
中国科学院大连化学物理研究所催化基础国家重点实验室 State Key Laboratory of Catalysis, Dalian Institute of Chemical Physics, CAS	56	40
中国科学院大连化学物理研究所、化学研究所分子反应动力学国家重点实验室 State Key Laboratory of Molecular Reaction Dynamics, Dalian Institute of Chemical Physics and Institute of Chemistry, CAS	33	24
中国科学院上海有机化学研究所生命有机化学国家重点实验室 State Key Laboratory of Bio - Organic and Natural Products Chemistry, Shanghai Institute of Organic Chemistry, CAS	36	14
中国科学院福建物质结构研究所结构化学国家重点实验室 State Key Laboratory of Structural Chemistry, Fujian Institute of Research on the Structure of Matter, CAS	46	37
中国科学院兰州化学物理研究所羰基合成和选择氧化国家重点实验室 State Key Laboratory of Oxo Synthesis and Selective Oxidation, Lanzhou Institute of Chemical Physics, CAS	48	33
中国科学院山西煤炭化学研究所煤转化国家重点实验室 State Key Laboratory of Coal Conversion, Shanxi Institute of Coal Chemistry, CAS	34	32
中国科学院化学研究所、长春应用化学研究所高分子物理与化学国家重点实验室 State Key Laboratory of Polymer Physics and Chemistry, Institute of Chemistry and Changchun Institute of Applied Chemistry, CAS	45	43
中国科学院上海有机化学研究所金属有机化学国家重点实验室 State Key Laboratory of Organometallic Chemistry, Shanghai Institute of Organic Chemistry, CAS	32	19
中国科学院长春应用化学研究所电分析化学国家重点实验室 State Key Laboratory of Electroanalytical Chemistry, Changchun Institute of Applied Chemistry, CAS	49	27
中国科学院长春应用化学研究所稀土资源利用国家重点实验室 State Key Laboratory of Rare Earth Resource Utilization,Changchun Institute of Applied Chemistry,CAS	41	32
中国科学院过程工程研究所多相复杂系统国家重点实验室 State Key Laboratory of Multiphase Complex Systems, Institute of Process Engineering, CAS	52	35
资源、环境 Resources & environment		

续表 6-17

客座研究人员 Guest researchers			人才培养 Talent training		
	国 外 Overseas	国内高级 Senior	博士后 Postdocs	博 士 Candidates for doctor's degree	硕 士 Candidates for master's degree
21	1	19	59	864	239
10	6	4	11	134	37
24	8	16	3	77	20
3	1	2	9	98	25
45		26	10	150	142
33		20		89	60
48	2	30	1	153	81
23		21	23	206	5
41			2	62	44
20	7	10	4	122	59
16	5	5	24	115	50
16		16	6	112	82

国家重点实验室名称 Names of the state key laboratories	固定研究人员 Permanent researchers	高 级 Senior
中国科学院大气物理研究所大气科学及地球流体力学数值模拟国家重点实验室 State Key Laboratory of Numerical Modeling for Atmospheric Sciences and Geophysical Fluid Dynamics, Institute of Atmospheric Physics, CAS	54	37
中国科学院广州地球化学研究所有机地球化学国家重点实验室 State Key Laboratory of Organic Geochemistry, Guangzhou Institute of Geochemistry, CAS	52	39
中国科学院地理科学与资源研究所资源与环境信息系统国家重点实验室 State Key Laboratory of Resources and Environmental Information System, Institute of Geographic Sciences and Natural Resources Research, CAS	41	33
中国科学院寒区旱区环境与工程研究所冻土工程国家重点实验室 State Key Laboratory of Frozen Soil Engineering, Cold and Arid Regions Environmental and Engineering Research Institute, CAS	40	25
中国科学院地球环境研究所黄土与第四纪地质国家重点实验室 State Key Laboratory of Loess and Quaternary Geology, Institute of Earth Environment, CAS	38	24
中国科学院大气物理研究所大气边界层物理和大气化学国家重点实验室 State Key Laboratory of Atmospheric Boundary Layer Physics and Atmospheric Chemistry, Institute of Atmospheric Physics, CAS	37	21
环境模拟与污染控制国家重点实验室(清华大学、中国科学院生态环境研究中心、北京大学等) State Key Laboratory of Environmental Aquatic Chemistry (Tsinghua University, Research Center for Eco-Environmental Sciences, CAS, and Peking University)	65	33
中国科学院地球化学研究所环境地球化学国家重点实验室 State Key Laboratory of Environmental Geochemistry, Institute of Geochemistry, CAS	79	54
黄土高原土壤侵蚀与旱地农业国家重点实验室(水土保持与生态环境研究中心) State Key Laboratory of Soil Erosion and Dryland Farming on Loess Plateau(Inst. of Soil and Water Conservation and Eco-Environmental Sciences)	37	28
中国科学院南京地质古生物研究所现代古生物学和地层学国家重点实验室 State Key Laboratory of Palaeobiology and Stratigraphy, Nanjing Institute of Geology and Palaeontology, CAS	37	32
遥感科学国家重点实验室(中国科学院遥感应用研究所 北京师范大学) State Key Laboratory of Remote Sensing Science (Institute of Remote Sensing Applications, CAS and Beijing Normal University)	30	23
中国科学院南京土壤研究所土壤与农业可持续发展国家重点实验室 State Key Laboratory of Soil and Sustainable Agriculture,Institute of Soil Science, CAS	68	39
中国科学院地质与地球物理研究所岩石圈演化国家重点实验室 State Key Laboratory of Lithospheric Evolution,Institute of Geology and Geophysics, CAS	39	38
中国科学院生态环境研究中心环境化学与生态毒理学国家重点实验室 State Key Laboratory of Environmental Chemistry and Ecotoxicology,Research Center for Eco-Environmental Sciences, CAS	57	31
中国科学院空间科学与应用研究中心空间天气国家重点实验室 State Key Laboratory of Space Weather,Center for Space Science and Applied Research, CAS	62	31

客座研究人员 Guest researchers			人才培养 Talent training		
	国 外 Overseas	国内高级 Senior	博士后 Postdocs	博 士 Candidates for doctor's degree	硕 士 Candidates for master's degree
15	10	3	2	130	54
23		15	3	105	86
30		13	23	98	71
26	2	17	13	59	34
71	11	70	3	48	61
17		10	9	83	26
			9	136	48
21	3		26	95	51
53	11	37	8	67	102
217	64	82	7	24	35
15	2	10	17	116	66
44		38	9	120	112
24	12	9	7	38	29
19	2		5	90	48
30	8	11	5	33	25

国家重点实验室名称 Names of the state key laboratories	固定研究人员 Permanent researchers	高级 Senior
中国科学院地球化学研究所矿床地球化学国家重点实验室 State Key Laboratory of Ore Deposit Geochemistry, Institute of Geochemistry, CAS	55	38
中国科学院南京地理与湖泊研究所湖泊与环境国家重点实验室 State Key Laboratory of Lake Science and Environments, Nanjing Institute of Geography and Limnology, CAS	73	57
中国科学院寒区旱区环境与工程研究所冰冻圈科学国家重点实验室 State Key Laboratory of Cryospheric Sciences, Cold and Arid Regions Environment and Engineering Research Institute, CAS	65	41
生物学 Biological sciences		
中国科学院动物研究所农业虫害鼠害综合治理国家重点实验室 State Key Laboratory of Integrated Management of Pest Insects and Rodents, Institute of Zoology, CAS	58	38
中国科学院生物物理研究所生物大分子国家重点实验室 State Key Laboratory of Biomacromolecules, Institute of Biophysics, CAS	40	40
中国科学院上海生命科学研究院分子生物学国家重点实验室 State Key Laboratory of Molecular Biology, Shanghai Institute for Biological Sciences, CAS	122	48
中国科学院上海生命科学研究院植物分子遗传国家重点实验室 State Key Laboratory of Plant Molecular Genetics, Shanghai Institute for Biological Sciences, CAS	77	35
中国科学院水生生物研究所淡水生态与生物技术国家重点实验室 State Key Laboratory of Freshwater Ecology and Biotechnology, Institute of Hydrobiology, CAS	35	33
生物膜与膜生物工程国家重点实验室(中国科学院动物研究所、清华大学、北京大学) State Key Laboratory of Biomembranes and Membrane Biotechnology (Institute of Zoology, CAS, Tsinghua University and Peking University)	26	16
中国科学院动物研究所计划生育生殖生物学国家重点实验室 State Key Laboratory of Reproductive Biology, Institute of Zoology, CAS	38	17
中国科学院微生物研究所微生物资源前期开发国家重点实验室 State Key Laboratory of Microbial Resources, Institute of Microbiology, CAS	42	23
中国科学院上海药物研究所新药研究国家重点实验室 State Key Laboratory of Drug Research, Shanghai Institute of Materia Media, CAS	43	36
中国科学院遗传与发育生物研究所植物细胞与染色体工程国家重点实验室 State Key Laboratory of Plant Cell and Chromosome Engineering, Institute of Genetics and Developmental Biology, CAS	46	20
中国科学院过程工程研究所生化工程国家重点实验室 State Key Laboratory of Biochemical Engineering, Institute of Process Engineering, CAS	48	34

续表 6-17

客座研究人员 Guest researchers			人才培养 Talent training		
	国 外 Overseas	国内高级 Senior	博士后 Postdocs	博 士 Candidates for doctor's degree	硕 士 Candidates for master's degree
28	3	22	10	57	62
25	3	15	8	115	87
33	13	20	9	72	52
40	7	1	7	79	41
16	12	1	31	203	194
12		9	12	130	73
16	3	8	16	157	24
16		7	18	187	158
5	1	2	12	32	26
8		2	9	92	17
10		10	5	74	36
			16	167	86
25		2	11	96	29
55	9	42	3	116	84

国家重点实验室名称 Names of the state key laboratories	固定研究人员 Permanent researchers	高 级 Senior
中国科学院昆明植物研究所植物化学与西部植物资源持续利用国家重点实验室 State Key Laboratory of Phytochemistry and Plant Resources in west China, Kunming Institute of Botany, CAS	61	29
中国科学院遗传与发育生物学研究所、微生物研究所植物基因组学国家重点实验室 State Key Laboratory of Plant Genomics, Institute of Genetics and Developmental Biology and Institute of Microbiology, CAS	74	34
中国科学院植物研究所系统进化植物学国家重点实验室 State Key Laboratory of Systematic and Evolutionary Botany, Institute of Botany, CAS	76	31
中国科学院生物物理研究所脑与认知科学国家重点实验室 State Key Laboratory of Brain and Cognitive Science, Institute of Biophysics, CAS	61	34
病毒学国家重点实验室(武汉大学、中国科学院武汉病毒研究所) State Key Laboratory of Virology (Wuhan University and Wuhan Institute of Virology, CAS)	24	21
中国科学院生态环境研究中心城市与区域生态国家重点实验室 State Key Laboratory of Urban and Regional Ecology, Research Center for Eco-Environmental Sciences, CAS	57	34
中国科学院上海生命科学研究院神经科学国家重点实验室 State Key Laboratory of Neuroscience, Shanghai Institutes for Biological Sciences, CAS	87	21
中国科学院昆明动物研究所遗传资源与进化国家重点实验室 State Key Labortatory of Genetic Resources and Evolution, Kunming Institute of Zoology, CAS	54	17
中国科学院植物研究所植被与环境变化国家重点实验室 State Key Laboratory of Vegetation and Environmental Change, Institute of Botany, CAS	113	53
技术科学 Technological sciences		
中国科学院金属研究所沈阳材料科学国家(联合)实验室 National Laboratory For Materials Science, Institute of Metals Research, CAS	135	91
中国科学院上海技术物理研究所红外物理国家重点实验室 State Key Laboratory of Infrared Physics, Shanghai Institute of Technical Physics, CAS	44	37
传感技术联合国家重点实验室(中国科学院上海微系统与信息技术研究所、电子学研究所等) State Key Laboratory of Transducer Technology (Shanghai Institute of Microsystem and Information Technology and Institute of Electronics, CAS)	70	50
中国科学院长春光学精密机械与物理研究所应用光学国家重点实验室 State Key Laboratory of Applied Optics, Changchun Institute of Optics，Fine Mechanics and Physics, CAS	48	36
中国科学院自动化研究所模式识别国家重点实验室 State Key Laboratory of Pattern Recognition, Institute of Automation, CAS	43	32

续表 6-17

客座研究人员 Guest researchers			人才培养 Talent training		
	国 外 Overseas	国内高级 Senior	博士后 Postdocs	博 士 Candidates for doctor's degree	硕 士 Candidates for master's degree
46	3	2		75	69
36	1	2	6	172	25
28	25	2	7	91	75
19		14	10	113	45
29	9	8	1	108	113
5	2	1	17	94	55
14	11	3	18	152	58
69	4	9	8	65	62
14	12	2	21	120	132
56	19	11	16	246	135
25	7	15	8	64	5
10	2	6	3	79	122
17		15	5	89	102
74	38	22	12	183	105

国家重点实验室名称 Names of the state key laboratories	固定研究人员 Permanent researchers	
		高 级 Senior
中国科学院软件研究所、研究生院信息安全国家重点实验室 State Key Laboratory of Information Security, Institute of Software, CAS and Graduate School of the Chinese Academy of Sciences	60	35
集成光电子学国家重点实验室(清华大学、吉林大学、中国科学院半导体研究所) State Key Laboratory of Integrated Photoelectronics (Tsinghua University, Jilin University and Institute of Semiconductors, CAS)	16	15
中国科学院西安光学精密机械研究所瞬态光学技术国家重点实验室 State Key Laboratory of Transient Optics and Technology, Xi'an Institute of Optics and Precision Mechanics, CAS	38	31
中国科学院光电技术研究所微细加工光学技术国家重点实验室 State Key Laboratory of Optical Technologies on Microfabrication, Institute of Optics and Electronics, CAS	52	30
中国科学院上海微系统与信息技术研究所信息功能材料国家重点实验室 State Key Laboratory of Functional Materials for Informatics, Shanghai Institute of Microsystem and Information Technology, CAS	44	31
中国科学技术大学火灾科学国家重点实验室 State Key Laboratory of Fire Science, University of Science and Technology of China	44	31
中国科学院兰州化学物理研究所固体润滑国家重点实验室 State Key Laboratory of Solid Lubrication, Lanzhou Institute of Chemical Physics, CAS	55	32
中国科学院上海硅酸盐研究所高性能陶瓷和超微结构国家重点实验室 State Key Laboratory of High Performance Ceramics and Superfine Microstructure, Shanghai Institute of Ceramics, CAS	68	45
中国科学院金属研究所金属腐蚀与防护国家重点实验室 State Key Laboratory of Metal Corrosion and Protection, Institute of Metals Research, CAS	53	40
中国科学院软件研究所计算机科学国家重点实验室 State Key Laboratory of Computer Science, Institute of Software, CAS	34	23
中国科学院沈阳自动化研究所机器人学国家重点实验室 State Key Laboratory of Robotics, Shenyang Institute of Automation, CAS	86	40
中国科学院武汉岩土力学研究所岩土力学与工程国家重点实验室 State Key Laboratory of Geomechanics and Geotechnical Engineering, Institute of Rock and Soil Mechanics, CAS	48	38

续表 6-17

客座研究人员 Guest researchers	国 外 Overseas	国内高级 Senior	人才培养 Talent training 博士后 Postdocs	博 士 Candidates for doctor's degree	硕 士 Candidates for master's degree
				127	99
47		11	3	88	44
35		16	14	53	76
			1	42	57
23	4	16	5	60	58
58	8	31	13	77	354
26		10		96	86
25	7	12	5	117	40
14	5	9	7	52	40
11		7	2	117	89
24	7	16	4	72	58
15	12	3	25	123	82

6-18 国家重点实验

Basic Statistics of Research Projects Conducted

单位：个

学科 Field	合计 Total	科技支撑计划 Key Technology R&D Program	“863”课题 “863” projects	“973”课题 “973” projects
总计 Total	**6710**	**91**	**420**	**461**
数学、物理 Mathematics & physics	896	2	38	90
化学 Chemistry	1128	4	37	60
资源、环境 Resources & environment	1619	41	80	102
生物学 Biological sciences	1579	28	110	138
技术科学 Technological sciences	1488	16	155	71

6-19 国家重点实验室科研

Statistics of Research Project Funds

单位：千元

学科 Field	合计 Total	科技支撑计划 Key Technology R&D Program	“863”课题 “863” projects	“973”课题 “973” projects
总计 Total	**3394663**	**101066**	**395961**	**647973**
数学、物理 Mathematics & physics	502983	38940	41384	87673
化学 Chemistry	534610	2171	22328	55367

室课题情况(2008 年)
by the State Key Laboratories: 2008

(unit)

国家基金 State funded projects	部委课题 Projects at the ministerial level	学委会审批 Projects selected by academic committees	国际合作 International cooperative projects	其 他 Others
2104	**1679**	**482**	**319**	**1154**
360	213	35	31	127
279	397	123	91	137
527	384	148	56	281
557	393	68	96	189
381	292	108	45	420

课题经费投入情况(2008 年)
for the State Key Laboratories: 2008

(thousand yuan)

国家基金 State funded projects	部委课题 Projects at the ministerial level	学委会审批 Projects selected by academic committees	国际合作 International cooperative projects	其 他 Others
709918	**788658**	**75230**	**108922**	**566935**
168202	118608	8520	4189	35467
59283	150427	20132	30552	194351

学 科 Field	合 计 Total	科技支撑计划 Key Technology R&D Program	"863"课题 "863" projects	"973"课题 "973" projects
资源、环境 Resources & environment	775103	28641	70680	89645
生物学 Biological sciences	946128	15984	137986	299187
技术科学 Technological sciences	635840	15330	123584	116100

6-20 国家重点实验室

Statistics of Research Results from

学 科 Field	获奖研究成果 Award-winning S&T Research Results (项) (item)				
	国家级奖 National awards			院、部 Academy and	
	特等 Special class	一等 1st class	二等 2nd class	特等 Special class	一等 1st class
总 计 **Total**			**20**	**1**	**18**
数学、物理 Mathematics & physics			4		
化学 Chemistry			3		6
资源、环境 Resources & environment			6		6
生物学 Biological sciences			3		2
技术科学 Technological sciences			4	1	4

续表 6-19

国家基金 State funded projects	部委课题 Projects at the ministerial level	学委会审批 Projects selected by academic committees	国际合作 International cooperative projects	其 他 Others
169062	196868	7594	17849	194764
218395	160966	17070	43893	52647
94977	161788	21915	12439	89706

科技成果情况(2008 年)
the State Key Laboratories: 2008

委奖 ministerial awards		论文 Theses (篇) (No. of articles)		专著 Monographs (种) (title)		授权专利 Patents granted (发明) (Invention) (项) (item)
二等 2nd class	三等 3rd class	国内发表 Published domestically	国际发表 Published internationally	中文 Chinese language	外文 Foreign languages	
27	**7**	**4091**	**7758**	**75**	**42**	**755**
3		345	1734	7		129
5	1	385	1833	9	12	152
4	3	1598	1173	31	14	46
7	2	691	1535	16	8	152
8	1	1072	1483	12	8	276

6-21　工程中心总体情况

General Statistics of Engineering Research Centers

项　目　Items	2004 年	2005 年	2006 年	2007 年	2008 年
一、经济情况 Economic status					
收入总额（万元） Total income (ten thousand yuan)	134396	158250	149841	212817	242102
技术性收入（万元） Technology income (ten thousand yuan)	7270	35059	24314	18051	12770
生产性收入（万元） Production income (ten thousand yuan)	112526	72765	78815	104111	128375
其他（万元） Others (ten thousand yuan)	14600	50425	46712	90654	100957
利税总额（万元） Total profit and tax (ten thousand yuan)	20183	7324	15644	30560	21004
资产总额（万元） Total assets (ten thousand yuan)	295721	206691	252957	334498	315739
固定资产（万元） Fixed assets (ten thousand yuan)	109789	109192	86630	90046	89428
二、基本建设 Capital construction					
计划总投资（万元） Total investment (ten thousand yuan)	96783	107285	145120	149523	123939
已完成总投资（万元） Completed invested (ten thousand yuan)	128591	176767	132917	121812	103286
国家拨款（万元） State allocation (ten thousand yuan)	30670	20858	23326	27380	38286
贷款（万元） Loan (ten thousand yuan)	39226	45908	33825	14173	13120
自筹（万元） Self-raised fund (ten thousand yuan)	46107	48742	70857	73294	57597

续表 6-21

项　目　Items	2004 年	2005 年	2006 年	2007 年	2008 年
其他（万元） Others (ten thousand yuan)	12588	61260	4910	6966	29321
已完成的基建规模 Completed capital construction					
投资（万元） Investment (ten thousand yuan)	46906	61891	66349	42426	43728
面积（平方米） Floor space (m^2)	113504	330095	1521251	271528	275193
三、科技成果 S&T research results					
获奖总数（项） Total awards (item)	19	24	28	33	64
国家级奖 National awards	1	4	4	8	10
省部级奖 Provincial & ministry awards	18	20	25	22	54
其他 Others				3	0
专利申请量（件） Patents applied (item)	228	213	347	598	498
专利授权（件） Patents granted (item)	156	127	149	203	256
四、技术转移 Technology transfer					
技术服务、咨询（项） Technical service and consultation (item)	1941	779	919	1151	1681
技术培训（人次） Technical training (person·time)	6160	6936	10022	11435	10247
受让企业新增产值(万元) Enterprise's newly increased value of output (ten thousand yuan)	54420	23329	556100	594504	669474

6-22 工程中心各

Statistics of Various Kinds of Staff at

工程中心名称 Names of engineering research center	合 计 Total	专业技术人员 Professional technical staff	高 级 Senior	中 级 Middle level
总 计 **Total**	**4076**	**3583**	**893**	**1136**
机器人技术国家工程研究中心 National Engineering Research Center for Robot	757	757	107	128
高档数控国家工程研究中心 National Engineering Center for Hi-End Computer Numerical Control	190	190	34	118
精细石油化工中间体国家工程研究中心 National Engineering for Fine Petrochemical Intermediates	160	160	60	48
工程塑料国家工程研究中心 National Engineering Center for Engineering Plastics	74	74	10	22
信息安全共性技术国家工程研究中心 National Engineering Research Center for Information Security	55	55	8	14
光电子器件国家工程研究中心 National Engineering Research Center for Optoelectronic Devices	109	109	15	30
光盘及其应用国家工程研究中心 National Engineering Research Center for Optical Disks and Applications	116	44	16	11
高性能均质合金国家工程研究中心 National Engineering Center for High Performance Homogenized Alloys	153	84	25	30
膜技术国家工程研究中心 Dalian Membrane Center of Engineering R&D	99	83	15	29
手性药物国家工程研究中心 National Engineering Research Center for Chiral Drugs	86	86	18	43
燃料电池及氢源技术国家工程研究中心 National Engineering Research Center of Fuel Cells and Hydrogen Technology	107	88	21	19
基础软件国家工程研究中心 National Engineering Research Center of Fundamental Software	325	260	40	123
国家网络新媒体工程技术研究中心 National Engineering Research Center for Network New Media Technology	91	91	15	19
国家生化工程技术研究中心 National Engineering Research Center for Biotechnology	42	42	24	11
国家遥感应用工程技术研究中心 National Engineering Research Center for Geoinformatics	106	106	48	43
国家并行计算机工程技术研究中心 National Research Center of Parallel Computer Engineering & Technology	153	153	49	65
国家高性能计算机工程技术研究中心 National Engineering Research Center for High Performance Computer	88	88	5	17
国家专用集成电路设计工程技术研究中心 National Engineering Research Center for ASIC Design	70	70	9	29

类人员情况(2008 年)
Engineering Research Centers: 2008

学位 Degrees		学历 Education experience			按工作性质分 By working Sectors					
博士 Ph.D	硕士 MS	研究生 Post graduate	大学 Graduate	其他 Others	管理人员 Adminis-trative staff	研究开发人员 R&D Staff	质量监督人员 Quality supervision staff	市场营销人员 Market staff	生产人员 Produ-ction staff	其他 Others
637	**864**	**1582**	**1902**	**592**	**351**	**2321**	**124**	**246**	**609**	**425**
12	155	167	469	121	73	507	6	29	132	10
10	67	59	131		10	107	8	19	39	7
31	25	61	77	22	8	122	4	3	21	2
5	11	14	32	28	9	22	3	14	21	5
12	27	39	13	3	12	36		5		2
8	4	52	25	32	2	20	3	3	30	51
4	6	60	23	33	8	20	3	6	14	65
75	35	108	37	8	6	48	9	3	19	68
2	15	10	81	8	16	10	4	41	28	
10	28	38	34	14	9	42	8	5	18	4
3	18	21	62	24	13	35	4	3	19	33
130	122	252	73		14	260	10	25		16
45	33	82	6	3	5	77	1	4	1	3
29	8	37	5		3	26	2	1	4	6
51	36	87	14	5	9	96				1
11	55	66	87		6	95	2	5	45	
10	27	37	51		4	74	1			9
14	14	28	37	5	6	56	3		5	

工程中心名称 Names of engineering research center	合 计 Total	专业技术人员 Professional technical staff	高 级 Senior	中 级 Middle level
国家金属薄膜功能材料工程技术研究中心 National Engineering Research Center for Metallic Thin Film of Functional Materials	61	33	13	15
中国岩土工程研究中心 Chinese Research Center of Geotechnical Engineering	36	36	12	15
国家卫星定位系统工程技术研究中心 National Center of GNSS Engineering Technology	22	22	17	3
国家淡水渔业工程技术研究中心 National Engineering Research Center for Freshwater Fisheries	35	35	17	10
国家金属腐蚀控制工程技术研究中心 National Engineering Research Center for Corrosion Control	110	81	43	19
国家真空仪器装置工程技术研究中心 National Engineering Research Center of Vacuum Instruments	329	200	64	73
国家催化工程技术研究中心 National Engineering Research Center for Catalysis	129	63	22	22
国家光栅制造与应用工程技术研究中心 National Engineering Research Center for Diffraction Gratings Manufacturing and Application	69	69	18	30
国家节水灌溉工程技术研究中心 National Engineering Research Center for Water-Saving irrigation	25	25	11	3
国家天然药物工程技术研究中心 National Engineering and Technology Center for Natural Medicines	29	29	14	11
国家光电子晶体材料工程技术研究中心 National Engineering Research Center for Optoelectronic Crystalline Materials	82	82	21	25
国家环境光学监测仪器工程技术研究中心 National Engineering Research Center of Environmnental Optic Monitoring Instruments	46	46	18	21
国家荒漠-绿洲生态建设工程技术研究中心 National Engineering Technology Research Center for Desert-Oasis Ecological Construction	50	50	31	15
中国科学院计算机语言信息工程研究中心 CAS Engineering Research Center for Computer & Language Information	82	82	7	17
中国科学院放射性药物联合研究开发中心 CAS Engineering Research Center for Radiopharmaceuticals	15	15	8	5
中国科学院有机合成工程研究中心 CAS Engineering Research Center of Organic Synthesis	25	25	5	9
中国科学院精密铜管工程技术研究中心 CAS Engineering Research Cengter for Precised Copper Pipes	28	28	13	6
中国科学院北方液晶工程研究开发中心 North Liquid Crystal Engineering R&D Center	13	13	2	5
中国科学院皮革化工材料工程研究中心 CAS Engineering Research Center for Leather Chemical Materials	59	59	16	11
中国科学院热安全工程研究中心 CAS Engineering Research Center for Thermal Safety	50	50	22	22

续表 6-22

学位 Degrees		学历 Education experience			按工作性质分 By working Sectors					
博士 Ph.D	硕士 MS	研究生 Post graduate	大学 Graduate	其他 Others	管理人员 Adminis-trative staff	研究开发人员 R&D Staff	质量监督人员 Quality supervision staff	市场营销人员 Market staff	生产人员 Produ-ction staff	其他 Others
12	10	22	31	8	6	25	3	2	20	5
	12	12	19	5	2	21	2	2	4	5
12	5	17	5		2	18	1	1		
10	5	15	18	2	5	17	2	5	6	
12	12	24	32	54	10	49	6	9	20	16
2	27	29	190	110	43	183	12	17	63	11
3	5	8	70	51	17	27	8	17	46	14
9	11	20	41	8	4	36	3	2	18	6
8	2	10	5	10	2	12				11
2	4	6	22	1	4	17	3		4	1
24	22	46	30	6	2	71			8	1
20	11	32	12	2	2					44
14	6	20	25	5	4	44	1		1	
6	12	18	64		11	51	2	9		9
5	2	7	8		2	8	1		2	2
4	8	12	10	3	5	15	1	1	3	
		10	14	4	3	25				
1	4	5	6	2	2	9				2
5	11	16	28	15	6	16	4	10	18	5
26	9	35	15		6	24	4	5		11

主要统计指标解释

人　　员

1. 从事科技活动人员

指职工总数中的科技管理人员、课题活动人员和科技服务人员。

科技管理人员　指院、所领导及业务、人事管理人员，包括直接从事科技计划管理、课题管理、成果管理、专利管理、科技统计、科技档案管理、科技外事工作、人事管理、教育培训、财务等活动的人员。

课题活动人员　指编制在研究室或课题组的人员。

科技服务人员　指从事图书、情报、测试、试验、咨询、物资器材供应等工作的人员以及实验室、试验工厂(车间)、试验农场的人员。不包括司机、门卫、食堂人员、医务人员、清洁工以及幼儿园、托儿所工作人员等。

2. 科学家和工程师

指具有大学毕业及以上学历的或具有高、中级技术职称(务)的人员。

3. 其他科技人员

指具有大、中专毕业学历或具有初级技术职称(务)的人员。

4. 从事生产、经营活动人员

指主要从事定型产品的批量生产、单位内部招待所、商店、出版印刷等生产经营和对外服务活动的人员。在机构下属经济实体中的院所编制人员也应包括在内。

经　　费

1. 经费

包括暂收(暂付)款，经费收入中各项皆为毛收入。

2. 科技经费筹集额

政府资金　指由各级政府部门直接拨款或企事业单位利用政府资金委托本机构从事科学技术活动所获得的收入。

★财政补助收入　指由中央或地方财政通过预算的形式拨给本机构的经费，包括正常经费和专项经费。单位收到由财政部门拨给主管部门和上级单位转拨的科学事业费，以及由财政部门拨给上级主管部门和上级单位以科研课题或项目下达的科学事业费，均属财政预算拨款。

★承担政府科研项目收入　指本机构为了开展科学研究、新产品试制、中间试验、科技成果示范性推广等科技活动，通过签订协议、合同或其他形式申请并获得的政府经费，包括课题专项、设备专项和其他专项。

技术性收入　指本机构从事科学技术活动所获得的非政府资金(毛收入)，如：企事业单位和社会团体利用自有资金委托本机构开展科学技术活动所提供的资金，由技术开发收入、技术转让收入、技术咨询及服务收入、学术活动和生产科普活动收入几项合计。

★来自企业 指本机构通过接受企业委托、为企业提供技术开发、技术咨询服务等形式从事科学技术活动而从企业获得的收入。

★技术开发收入 指本机构承接社会各方面委托的有关新技术、新产品、新工艺和新材料及其系统的研究开发任务而获得的收入。

★技术转让收入 指本机构通过专利权转让、专利申请权转让、专利实施许可、非专利技术的转让所获得的收入。

★技术咨询、服务、培训、承包收入 不包括建设工程的勘探、设计、施工、安装和加工承揽。

★国外资金 指中国境外的企业、大学、国际组织、民间组织、金融机构及外国政府提供给在中国境内注册的各类单位用于科技活动的经费。不包括外国在中国注册的企业提供的经费。

★科技活动借贷款 指本机构为开展科技活动从各种渠道获得的各种借、贷款。不论偿还形式、期限和数额如何，均按当年获得的借、贷款额填报。不包括基本建设贷款。

★其他资金 指除上述各项以外可以用于科技活动的收入，包括国内外社会和个人赞助、捐赠、 投资收益等。

3. 科技经费内部支出

指本单位在报告期内用于内部开展科技活动实际支出的费用，包括来自科研渠道以及其他各种渠道的经费实际用于科技活动支出的费用，也包括外协加工费。

★人员费用 指以货币或实物形式直接或间接支付给科技活动人员的劳动报酬及各种费用，包括各种形式的工资、补助工资、津贴、价格补贴、奖金、福利、失业保险、养老保险、医疗保险、工伤保险、人民助学金等，也包括支付给研究生的助学金、奖学金等开支。为科技活动提供间接服务人员的劳务费不计入此项。

★设备购置费 指本单位使用非基本建设投资购建费购买用于科技活动的固定资产的实际支出额。固定资产指长期使用而不改变原有的实物形态，单位价值在规定标准以上的主要物资设备，如科研仪器设备、图书资料、实验材料和标本以及其他科研设备。

★其他日常支出 指本单位用于科技活动除上述以外的支出。例如，用于科技活动的原材料费、水电能源费、差旅费、加工试验费、设备使用费、计算机机时费、资料印刷费等。培训研究生的消耗性支出也一并统计。

基本建设

1. 基本建设投资实际完成额

指本机构在报告期内完成的用货币表示的基本建设工作量。

2. 自筹

指在当年基本建设投资实际完成额中自筹投资的部分，自筹部分应包括拨改贷后须由机构自身偿还的贷款。

3. 科研仪器设备

指本机构在基本建设投资的实际完成额中购置的科研仪器设备总值。非科研设备购置不计入此项。

4. 科研土建工程

指本机构在基本建设投资的实际完成额中完成的科研土建工作量(如科研楼、试验用房等)。非科研土建工程(如住房等)不计入此项。

科 技 活 动

1. 课题活动分类

基础研究 指为获得新知识而进行的独创性研究。其目的是揭示观察到的现象和事实的基本原理和规律，而不以任何特定的实际应用为目的。

应用研究 指为获得新的科学技术知识而进行的独创性研究。它主要针对某一特定的实际应用目的。应用研究通常是为了确定基础研究成果或知识的可能的用途，或是为达到某一具体的、预定的实际目的确定新的方法(原理)或途径。

★区分基础研究与应用研究的主要标志 具有特定的实际应用目的。

试验发展 利用从研究或实际经验获得的知识，为生产新的材料、产品和装置，建立新的工艺和系统，以及对已生产或建立的上述各项进行实质性的改进，而进行的系统性工作。

★区分科学研究(基础研究和应用研究)与试验发展的主要标志 前者主要是为了增加科学技术知识，后者则是为了开辟新的应用领域(如新材料或新技术)。

★区分科学研究与试验发展及其他有关活动的主要标志 具有创新成分的活动归于前者。

研究与试验发展成果应用 为解决 R&D 活动阶段产生的新产品、新装置、新工艺、新技术、新方法、新系统和服务等投入生产或实际应用所存在的技术问题而进行的系统性活动。它不具有创新成分,此类活动包括为达到生产目的而进行的定型设计和试制以及为扩大新产品生产规模和新方法、新技术、新工艺等的应用领域而进行的适应性试验。

★研究与试验发展、研究与试验发展成果应用和工业生产活动三者之间的界限大致划分如下:

(1) 新产品的研制

实质性的新产品，即完全新的新产品或对现有产品的性能进行重大改进的设计、制造和试验，是研究与试验发展活动。对引进(或购买)现成的技术成果(如专利、技术诀窍、图纸和样机等)进行复制或直接应用而形成新产品的过程，不是研究与试验发展活动，而是研究与试验发展成果应用活动。

(2) 新工艺、新方法的研制

对新工艺、新方法的研制或对现有工艺、生产过程进行实质性的技术改进，是研究与试验发展。采用国内已有的生产工艺或生产过程，而在技术上没有实质性的改进，只是对采用的生产工艺或生产过程做适应性的试验，不属于研究与试验发展，而是研究与试验发展成果应用活动。

(3) 中间试验

新产品、新工艺、新生产过程直接用于生产前，往往要进行中间试验，以解决一系列的技术问题，情况比较复杂，对其是否属于研究与试验发展应视具体情况而定。

如果进行中间试验的直接目的是为了从技术上进一步改进产品、工艺或生产过程或为此目的进行试验以获得经验和收集数据，是研究与试验发展；如果为了进行产品的定型设计，获取生产所需的技术参数，那么就不是研究与试验发展，而是研究与试验发展成果应用活动。

(4) 试生产

试生产是在完成了生产前的各项技术准备后，在正式生产前的“试验性”生产。试生产的直接目的不是对产品或生产过程在技术方面做进一步的改进，而是为了使生产能顺利进行，因而既不属于研究与试验发展，也不属于研究与试验发展成果应用活动。

(5) 质量控制与检验测试

生产过程的质量控制及材料、设备、产品的常规检验、测试，不属于研究与试验发展，也不属于研究与试验发展成果应用活动，原型检验测试和非商业性的试验工厂(中试车间)中的检验测试，属于研究与试验发展。

(6) 市场研究

既不是研究与试验发展，也不是研究与发展成果应用活动。

科技服务 与科学研究与试验发展有关，并有助于科学技术知识的产生、传播和应用的活动。包括，为扩大科技成果的使用范围而进行的示范性推广工作；为用户提供科技情报和文献服务的系统性工作；为用户提供可行性报告、技术方案、建议及进行技术论证等技术咨询工作；自然、生物现象的日常观测、监测，资源的考察和勘探；有关社会、人文、经济现象的通用资料的收集，如统计、市场调查等，以及这些资料的常规分析与整理；为社会和公众提供的测试、标准化、计量、计算、质量控制和专利服务，不包括工商企业为进行正常生产而开展的上述活动。

生产性活动 由于具备特殊的工艺设备条件或掌握某种技术专长或诀窍所进行的小量非常规生产。

2. 课题经费支出

指当年为进行该课题研究而从课题经费中直接支出的全部经费(不包括与外单位合作进行该课题研究而拨给对方使用的经费)。

3. 课题参加人员折合全时工作量

指按工作量计算的当年实际参加课题活动的各类人员总数。统计时首先把课题人员分离为全时人员和非全时人员，然后折算为全时工作量。

全时人员 指在本年度工作中，从事该课题活动的工作量(累计工作时间与本人全年工作总时间之比)在 0.9 以上(含 0.9)的人员数。

非全时人员 指在本年度工作中，从事该课题活动的工作量在 0.1~0.9 的人员数。工作量不到 0.1 不计在内。

全时当量 指全时人员数加所有非全时人员的工作量总和，数值取小数点后一位。

国家重点实验室

1. 固定人员

指由实验室主任聘任并有一定任期的相对稳定的研究人员、技术人员和管理人员。国家重点实验室的固定人员可以由室主任连聘连任。

2. 客座人员

指通过课题申请并获准来开放实验室从事研究工作的所内外工作人员。开放实验室的客座人员没有固定任期，在课题获准进行期内属于开放实验室的人员，享受固定人员同等待遇，课题结束之后，必须离室，因此客座人员是流动的。

3. 学委会审批课题

经学术委员会审议批准，用开放经费支持的课题。固定客座合作课题指由开放实验室固定、客座人员合作共同承担的学委会审批课题。

Explanatory Notes on Key Indicators

Personnel

1. S&T activity personnel

S&T activity personnel comprise S&T management personnel, project activity personnel and S&T service personnel.

S&T management personnel refers to leaders at various levels in the academy and institutes and those who are engaged in S&T and personnel management, including those who participate directly in such activities as S&T planning, project management, research achievement management, patent management, S&T statistics, management of S&T archives, S&T international cooperation, personnel management, education and training, and finance.

Project activity personnel refers to staff whose payroll is in the laboratory or project research group.

S&T service personnel refers to those engaged in library, information, measurement, testing, consultation, material and equipment supply as well as those working in laboratories, pilot factories (workshops) and experimental farms. They should not include drivers, janitors, and persons working in mess halls, medical houses, kindergartens and nurseries.

2. Scientists and engineers

This heading can be defined as persons who are of higher educational level or have senior or middle level academic titles.

3. Other S&T personnel

This heading refers to persons who are of specialized higher school or specialized secondary school educational level or have junior or specialized secondary school educational level or have junior academic (or technical) titles.

4. Production and business activity personnel

This mainly refers to staffs who are engaged in the production, business activity and services such as batch process of finalized products, management and services in the guesthouses and shops, and publication and printing. Staff on the CAS and institute payroll who work in the economic entities attached to the institution shall also be included.

Funds

1. Funds

Funds include temporary collection and temporary payment. Items included in the current intramural income are all gross income.

2. Fund-raising for S&T activities

Income from government funds This heading refers to funds directly allocated by government departments at all levels or income obtained by a particular institution through conducting S&T activities entrusted by enterprises and institutions using government funds.

★*Income from government subsidy* This refers to budgetary funds allocated by the central or local financial departments, including normal funds and special funds. The operation funds for scientific research obtained from the financial departments via higher authorities and the operating funds for scientific research obtained from the financial departments via higher authorities designated for research projects are all in the category of financial budgetary allocation.

★*Income from undertaking government research projects* This refers to funds received by a particular institution from the government for the purpose of carrying out S&T activities through signing agreements, contracts or other forms of application, such as scientific research, new product development and experiment, pilot experiment, and demonstration and commercialization of S&T results. This includes special funds for research projects, equipment and other items.

Technical income This refers to the gross income obtained by a particular institution from non-governmental departments for undertaking S&T activities, such as self-raised funds from institutions, enterprises and social organizations for entrusting the particular institution to carry out S&T activities. It also includes income from technology development, technology transfer, technology consultation and service, academic activities and production, and science popularization activities.

★*From enterprises* This refers to the income obtained by a particular institution from the enterprises by undertaking entrusted S&T activities for the enterprises in the form of technology development, technology consultation and service.

★*Income from technology development* This refers to income received by a particular institution from commissioned R&D on new technologies, products, processes, materials and systems.

★*Income from technology transfer* This refers to income received by a particular institution from transfer of its patents, patent application rights, patent licenses and non-patented technologies.

★*Income from technological consultation, services, training and contracts* This heading excludes the income from exploitation of construction engineering, design, construction, installation and contracts for processing.

★*Overseas Funds* This heading refers to the funds provided by overseas enterprises, universities, international organizations, non-government organizations, financial agencies and foreign governments to the institutions and units registered in China for S&T activities. This excludes the funds provided by the foreign enterprises registered in China.

★*Loans for S&T activities* This heading refers to all kinds of loans obtained by a particular institution from various sources for S&T activities. No mater what kind of form, duration and volume of the repayment will be, the total monetary volume of loans obtained in the reference year should be recorded. But, any loans for capital construction is not included.

★*Other Income* This heading refers to the income, both from home and abroad, such as donations from the society and individuals as well as some investment income for S&T activities, etc., which does not fall into the above-mentioned categories.

3. Current Intramural Expenditure

This refers to actual expenditure for S&T activities by a particular institution within the reported period, including all the expenses for S&T activities funded by not only research and development (R&D) channels but also other sources. This also includes the expenditure for the products processing with outside cooperation.

★*Personnel cost* This refers to the expenditure paid by a particular institution to its staff, directly or indirectly, in cash or in kind, including basic salary, subsidiary salary, allowances, price subsidiary, bonus, welfare funds for staff, unemployment insurance, old-aged pension, medical care insurance, insurance against injury at work, people's fellowship, etc., including stipend and fellowship for graduate students. This excludes the remuneration for personal services.

★ *Equipment purchasing expenditure* This refers to the exact expenditure of non-capital construction investment spent by a particular institution on purchasing fixed assets for S&T activities. Fixed assets cover major equipment and installations with unit price above the set quota, which can be used over a long period of time without changing their original material forms (or appearances), such as scientific research equipment and installations, books, library materials, laboratory materials and specimens as well as other facilities for research activities.

★*Other daily expenditure* This refers to the expenditure spent by a particular institution for S&T activities, which is not included in the above-mentioned items, such as costs of raw materials for the performance of S&T activities, charges for water and electricity, travel, expenses directly associated with processing and experiments, costs of equipment utilization, computer times, printing of materials, etc., and consumptive expenditure for graduate student training is also included.

Capital Construction

1. Actual expenditure in capital investment

This refers to the amount of capital construction work completed by a particular institution in the reference year, which is expressed in monetary terms.

2. Self-raised funds

This refers to funds raised by a particular institution in the actual spending in capital investment. It includes loans, which should be paid back by the institution itself after the reform of the S&T appropriation system.

3. Scientific research instruments and equipment

This refers to the total expenditure on scientific research equipment in the actual capital expenditure. Expenditure on nonresearch equipment is not included in this category.

4. Civil engineering projects for scientific research

This refers to the actual amount of work completed by a particular institution on research facilities (such as research and experiment buildings) in the actual expenditure of capital investment. Construction project not for research purpose (such as living quarters) is not included.

S&T Activities

1. Classification by project activity

Basic research Basic research can be defined as any original research undertaken to acquire new knowledge. Its purpose is to explore the underlying principles and laws of observed phenomena and facts, without any particular practical application in view.

Applied research Applied research is defined as any original research undertaken in order to acquire new scientific and technological knowledge. It is, however, directed primarily towards a specific practical aim or objective. Applied research is usually undertaken to determine the possible application of the results or knowledge from basic research, or to determine new methods or ways of achieving some specific and predetermined practical aim.

★The main criterion for distinguishing basic research from applied research is that the latter has specific practical application in view.

Experimental development Experimental development can be defined as any systematic work, drawing on existing knowledge gained from research and/or practical experience, that is directed to producing new materials, products and devices, to installing new processes and systems, and to improving substantially those already produced or installed.

★The main criterion for distinguishing scientific research (basic or applied) from experimental development is that whereas the former is primarily directed towards the increase of S&T knowledge, the latter is directed towards the introduction of new application (e.g. new materials or technologies).

★The main criterion for distinguishing scientific research from experimental development is that the former involves creative activities.

Application of research and experimental development results Application of research and experimental development results can be defined as any systematic work that is directed to the technical issues in the production and practical use of new products, new devices, new processes, new techniques, new methods, new systems and services which are generated from research and development results. This kind of activity does not involve creation and innovation. It includes finalized design and pilot development for production purposes as well as adaptability testing directed to expanding the production scale of new products and the application of new methods, technologies and processes.

★The main criterion for distinguishing research and experimental development, application of research and experimental development results, and industrial activities is basically the following:

(1) Development of new products

Activities directed towards the development of new products, that is, completely new products, substantial improvement of the design, development and experiment on the properties of existing products, should be defined as research and experimental development, while the process of producing new products through copy or direct use of imported (or purchased) technical results (such as patents, technical know-how, blueprints and prototypes) should not be mentioned as research and experimental development. It falls into the category of application of research and experimental development results.

(2) Development of new processes and methods

The development of new processes or methods and the substantial technical improvement of existing technologies and production processes are research and experimental development. Activities involved in adopting existing domestic production techniques or processes without making substantial improvements (or when only adaptability testing is conducted) cannot be considered as research and experimental development. They are the application of research and experimental development results.

(3) Pilot experiment

Before new products, technologies and production processes can be used in production, pilot experiments are usually carried out in order to solve a series of technical issues. These experiments are complex in nature and whether they are considered as research and experimental development or not can only be judged according to concrete conditions.

If the immediate aim of the pilot experiment is to make further technical improvement of existing technologies and production processes are research acquisition of experience and data for that purpose, the activity should be regarded as research and experimental development. If, on the contrary, the immediate aim is to make finalized design for a product and to obtain technical data needed for the production, the activity should be regarded as research and experimental development. It is a part of the application of research and experimental development results.

(4) Trial production

Trial production can be defined as "experimental" production conducted after various technical preparations are completed but before full scale production is started. Since the immediate aim of trial production is not to make further technical improvement of the product or the production process concerned but to get the production process working smoothly, it is neither research and experimental development, nor application of research and experimental development results.

(5) Quality control, checking and testing

Quality control of production processes and routine checking and testing of materials, devices and products are neither research and experimental development nor application of research and experimental development results. However, the testing of prototypes and testing conducted in a non-commercial pilot plant (workshop) should be regarded as research and experimental development.

(6) Market study

This is neither research and experimental development, nor application of research and experimental development results.

Scientific and technical services Scientific and technical services can be defined as any activities concerned with scientific research and experimental development and contributing to the generation, dissemination and application of scientific and technological knowledge. They include the demonstration and popularization activities to introduce the application of scientific and technological results; systematic work on scientific and technological information and documentation services; technical consultation provided to users such as feasibility studies, technical schemes, proposals and technical investigations; routine observation and monitoring of natural and biological phenomena, surveying and exploration of resources; and the gathering of general information on social, human and economic phenomena (such as statistics and market studies); as well as the routine analysis and compilation of the above mentioned information; testing, standardization, metrology, computation, quality control and patent services (excluding the above mentioned activities carried out by industries for normal production).

Productive activities This heading refers to small-scale non-conventional production undertaken because of possessing special processing equipment and facilities or technical specialties and know-how.

2. Total direct expenditure by project group

This refers to the total funds actually spent directly by the project group for the research of the project. It does not include funds transferred to the cooperators if the project is conducted jointly.

3. Full-time equivalent of project activity personnel

This refers to the total number of various kinds of personnel who actually participate in the project activities in the reference year, calculated according to their work load. In making the statistics, the project activity personnel are first classified as full-time personnel and part-time personnel and their work load are then converted into full-time work load.

Full-time personnel This refers to the number of personnel whose work load for the project activity (the ratio between accumulated working hours spent on the project activity and the total hours worked in the reference year) is 0.9 or above.

Part-time personnel This refers to the number of personnel whose work load for the project activity is from 0.1 to 0.9. Those whose work load for the project activity is less than 0.1 are not included.

Full-time equivalent This refers to the total work load of full-time personnel and part-time personnel.

State Key Laboratories

1. Permanent researchers

This refers to research, technical and managerial personnel who are invited or engaged by the directors of the open laboratories to serve for certain terms.

2. Guest researchers

This refers to scientists both inside and outside the institutes who conduct research activities at the State Key laboratories after their research applications have been approved. Guest researchers do not serve for fixed terms. They are on the staff of the State Key laboratories within the allowed period for pursuing their research subjects and enjoy the same treatment as the permanent staff does, but must leave the laboratories upon completion of their research.

3. Projects approved by the academic committees

This refers to research projects, which are approved by the academic committees and funded by the open laboratory research funds. Jointly conducted projects refer to those research projects which are approved by the academic committees and are jointly conducted by the permanent staff and guest researchers of the State Key Laboratories.

七、人才培养与引进

TALENT TRAINING AND RECRUITMENT

7-1 中国科学技术大学录取和毕业大学生情况

Enrollment and Graduation of Undergraduate Students in the University of Science and Technology of China

单位：人 (person)

年份 Year	录取大学生 Total enrollment			毕业大学生 Total graduation		
	合计 Total	本科 Regular college courses	专科 Special college courses	合计 Total	本科 Regular college courses	专科 Special college courses
1978	999	999				
1979	3009	3009		869	799	70
1980	557	557		1451	1334	117
1981	568	568		108		108
1982	639	588	51	690	690	
1983	721	662	59	668	668	
1984	758	714	44	529	476	53
1985	835	777	58	593	534	59
1986	752	752		574	574	
1987	985	810	175	572	572	
1988	1054	774	280	850	638	212
1989	748	632	116	892	687	205
1990	860	695	165	1003	734	269
1991	970	776	194	820	683	137
1992	1291	865	426	987	821	166
1993	1870	1032	838	899	684	215
1994	1721	1084	637	869	493	376
1995	1621	1123	498	1502	611	891
1996	1759	1148	611	1494	867	627
1997	1448	1248	200	1366	886	480
1998	1583	996	587	1590	1450	140
1999	1980	1840	140	1181	984	197
2000	2042	1902	140	1875	1540	335
2001	2005	1825	180	1986	1704	282
2002	1863	1863		2012	1871	141
2003	1862	1862		2321	2321	
2004	1848	1848		1754	1754	
2005	1842	1842		1763	1763	
2006	1941	1941		1797	1797	
2007	1963	1963		1753	1753	
2008	1690	1690		1866	1866	

7-2 录取研究生和授予学位情况

Total Enrollment of Graduate Students and Degrees Granted

单位：人 (person)

年份 Year	录取研究生 Total enrollment			授予学位 Total degrees granted		
	合计 Total	博士 Ph.D	硕士 MS	合计 Total	博士 Doctor's degree	硕士 Master's degree
1955~1965	1287		1287			
1978	1400		1400			
1979	351		351			
1980	193		193			
1981	1123	107	1016	974		974
1982	1329	42	1287	178		178
1983	1334	59	1275	205		205
1984	1772	253	1519	469		469
1985	2349	372	1977	1181	72	1109
1986	2314	392	1922	998	78	920
1987	2361	561	1800	1187	82	1105
1988	2325	513	1812	2255	189	2066
1989	1966	416	1550	2370	313	2057
1990	1883	488	1395	1662	226	1436
1991	1862	562	1300	1940	326	1614
1992	2197	702	1495	1580	278	1302
1993	2383	724	1659	1019	244	775
1994	3024	1180	1844	1529	413	1116
1995	3372	1466	1906	1693	518	1175
1996	3631	1603	2028	2179	689	1490
1997	3605	1605	2000	2516	849	1667
1998	3769	1720	2049	2391	1111	1280
1999	4287	1926	2361	2769	1213	1556
2000	5807	2622	3185	2662	1247	1415
2001	7344	3171	4173	2953	1473	1480
2002	9346	3943	5403	3009	1451	1558
2003	11439	5004	6435	4019	1931	2088
2004	12981	5562	7419	5092	2428	2664
2005	13639	5691	7948	6851	3116	3735
2006	14007	5726	8281	8160	4036	4124
2007	14315	5749	8566	9353	4597	4756
2008	14731	5786	8945	10704	5053	5651

7-3 研究生招收培养及
Total Enrollment of Graduate

单位：人

招生单位 Institution	录取研究生 Enrollment in 2007			在学研究生 Total enrollment		
	合计 Total	博士 Ph.D.	硕士 MS	合计 Total	博士 Ph.D.	硕士 MS
总计 Total	**14731**	**5786**	**8945**	**43490**	**19861**	**23629**
北京市 Beijing	5348	2361	2987	16085	8199	7886
数学与系统科学研究院 Academy of Mathematics and Systems Science	178	89	89	485	280	205
物理研究所 Inst. of Physics	242	128	114	642	413	229
声学研究所 Inst. of Acoustics	134	55	79	434	193	241
理论物理研究所 Inst. of Theoretical Physics	43	22	21	120	79	41
理化技术研究所 Technical Inst. of Physics and Chemistry	135	61	74	376	190	186
高能物理研究所 Inst. of High Energy Physics	152	72	80	392	226	166
国家天文台 National Astronomical Observatories of China	78	33	45	246	124	122
力学研究所 Inst. of Mechanics	109	34	75	335	133	202
化学研究所 Inst. of Chemistry	304	189	115	858	614	244
生态环境研究中心 Research Center for Eco-Environmental Sciences	172	104	68	545	353	192
过程工程研究所 Inst. of Process Engineering	107	54	53	364	209	155
地理科学与资源研究所 Inst. of Geographic Sciences and Natural Resources Research	197	117	80	597	375	222
地质与地球物理研究所 Inst. of Geology and Geophysics	179	99	80	569	363	206

授予学位情况(2008 年)
Students and Degrees Granted: 2008

(person)

授予博士学位 Doctor's degree				授予硕士学位 Master's degree			
合 计 Total	理 学 Natural sciences	工 学 Enginee-ring sciences	其 他 Others	合 计 Total	理 学 Natural sciences	工 学 Enginee-ring sciences	其 他 Others
5053	**3382**	**1516**	**155**	**5651**	**1810**	**1952**	**1889**
2116	1411	639	66	1942	526	805	611
76	64	1	11	22	15		7
110	109		1	7	7		
57	13	44		39	9	30	
13	13			6	6		
52	44	8		16	5	11	
68	44	24		22	12	10	
22	22			35	35		
50	25	25		52	9	43	
189	188	1					
89	84	5		29	25	3	1
57	1	56		37		37	
103	97		6	60	53		7
120	104	15	1	37	33	4	

招生单位 Institution	录取研究生 Enrollment in 2007			在学研究生 Total enrollment		
	合计 Total	博士 Ph.D.	硕士 MS	合计 Total	博士 Ph.D.	硕士 MS
古脊椎动物与古人类研究所 Inst. of Vertebrate Paleontology and Paleoanthropology	15	4	11	52	18	34
大气物理研究所 Inst. of Atmospheric Physics	123	69	54	418	264	154
遥感应用研究所 Inst. of Remote Sensing Application	104	57	47	311	181	130
植物研究所 Inst. of Botany	176	81	95	603	300	303
动物研究所 Inst. of Zoology	138	77	61	420	242	178
心理研究所 Inst. of Psychology	75	31	44	228	104	124
微生物研究所 Inst. of Microbiology	104	51	53	345	211	134
生物物理研究所 Inst. of Biophysics	166	85	81	472	241	231
遗传与发育生物学研究所 Inst. of Genetics and Developmental Biology	130	88	42	527	390	137
北京基因组研究所 Beijing Inst. of Genomics	64	25	39	196	73	123
计算技术研究所 Inst. of Computing Technology	276	101	175	946	442	504
计算机网络信息中心 Computer Network Information Center	40	6	34	129	24	105
软件研究所 Inst. of Software	144	36	108	490	204	286
半导体研究所 Inst. of Semiconductors	193	86	107	518	276	242
微电子研究所 Inst. of Microelectronics	81	27	54	243	85	158
电子学研究所 Inst. of Electronics	159	66	93	467	214	253

续表 7-3

授予博士学位 Doctor's degree				授予硕士学位 Master's degree			
合计 Total	理学 Natural sciences	工学 Enginee-ring sciences	其他 Others	合计 Total	理学 Natural sciences	工学 Enginee-ring sciences	其他 Others
2	2			8	8		
76	75		1	23	23		
63	63			26	18	8	
61	61			56	56		
89	89			28	28		
23	23			37	37		
48	48			17	17		
61	61			8	8		
75	75			28	28		
11	11			11	11		
83		83		138		138	
6		6		37		37	
47		47		96		96	
77	18	59		29	2	27	
37		37		29		29	
60		60		51		51	

招 生 单 位 Institution	录取研究生 Enrollment in 2007			在学研究生 Total enrollment		
	合 计 Total	博 士 Ph.D.	硕 士 MS	合 计 Total	博 士 Ph.D.	硕 士 MS
电工研究所 Inst. of Electric Engineering	78	27	51	245	120	125
工程热物理研究所 Inst. of Engineering Thermophysics	66	24	42	198	93	105
空间科学与应用研究中心 Center for Space Science and Applied Research	95	31	64	260	94	166
自动化研究所 Inst. of Automation	191	98	93	595	352	243
对地观测与数字地球科学中心 Center for Earth Observation and Digital Earth	35	3	32	93	5	88
自然科学史研究所 Inst. of History of Natural Sciences	20	10	10	63	36	27
科技政策与管理科学研究所 Inst. of Policy and Management	38	18	20	123	67	56
国家科学图书馆(筹) National Science Library	48	16	32	151	55	96
中国科学院研究生院 Graduate University of Chinese Academy of Sciences	625	142	483	1645	416	1229
青藏高原研究所 Inst. of Qinghai-Tibet Plateau	42	16	26	119	57	62
国家纳米科学中心 National Center for Nano Science Technology	49	22	27	120	60	60
光电技术研究院 Institute of Optoelectronics	43	7	36	145	23	122
河北省 Hebei Province	22	9	13	75	40	35
渗流流体力学研究所 Inst. of Osmotic Mechanics	22	9	13	75	40	35
山西省 Shanxi Province	89	40	49	294	164	130
山西煤炭化学研究所 Shanxi Inst. of Coal Chemistry	89	40	49	294	164	130

授予博士学位 Doctor's degree				授予硕士学位 Master's degree			
合计 Total	理学 Natural sciences	工学 Engineering sciences	其他 Others	合计 Total	理学 Natural sciences	工学 Engineering sciences	其他 Others
28		28		43		43	
24		24		26		26	
26	16	10		68	17	51	
91		91		44		44	
				26	2	24	
10	8		2	13	8		5
13			13	17			17
11			11	45	1		44
69	34	15	20	667	46	91	530
10	10			7	7		
9	9						
				2		2	
4		4		8		8	
4		4		8		8	
54	25	29		32	7	25	
54	25	29		32	7	25	

招 生 单 位 Institution	录取研究生 Enrollment in 2007			在学研究生 Total enrollment		
	合 计 Total	博 士 Ph.D.	硕 士 MS	合 计 Total	博 士 Ph.D.	硕 士 MS
辽宁省、山东省 Liaoning and Shandong Provinces	881	396	485	2748	1471	1277
大连化学物理研究所 Dalian Inst. of Chemical Physics	232	122	110	788	514	274
沈阳应用生态研究所 Shenyang Inst. of Applied Ecology	95	42	53	293	139	154
中国科学院沈阳计算技术研究所有限公司 CAS Shenyang Computing Technology Co., Ltd.	49		49	147	5	142
沈阳自动化研究所 Shenyang Inst. of Automation	94	38	56	329	172	157
金属研究所 Inst. of Metals Research	181	90	91	581	346	235
海洋研究所 Inst. of Oceanology	159	74	85	469	229	240
青岛生物能源与过程研究所 Qingdao Inst. of Bioenergy and Bioprocess Technology	29	14	15	58	29	29
烟台海岸带可持续发展研究所 Yantai Inst. of Coastal Zone Research for Sustainable Development	42	16	26	83	37	46
吉林省 Jilin Province	574	273	301	1723	950	773
长春光学精密机械与物理研究所 Changchun Inst. of Optics, Fine Mechanics and Physics	297	127	170	903	432	471
长春应用化学研究所 Changchun Inst. of Applied Chemistry	223	116	107	658	418	240
东北地理与农业生态研究所 Northeast Inst. of Geography and Agricultural Ecology	54	30	24	162	100	62
上海市、福建省、浙江省 Shanghai, Fujian Province and Zhejiang Province	1720	760	960	4753	2534	2219
上海应用物理研究所 Shanghai Inst. of Applied Physics	128	46	82	345	155	190
上海天文台 Shanghai Observatory	43	16	27	116	49	67

续表 7-3

授予博士学位 Doctor’s degree				授予硕士学位 Master’s degree			
合计 Total	理学 Natural sciences	工学 Engineering sciences	其他 Others	合计 Total	理学 Natural sciences	工学 Engineering sciences	其他 Others
370	200	164	6	237	72	156	9
143	94	49		24	6	18	
33	28		5	45	29	7	9
				45		45	
37		37		38		38	
71		71		42		42	
86	78	7	1	43	37	6	
265	192	73		170	86	84	
131	58	73		135	51	84	
98	98			17	17		
36	36			18	18		
601	407	194		294	150	144	
53	36	17		30	9	21	
12	12			14	14		

招生单位 Institution	录取研究生 Enrollment in 2007			在学研究生 Total enrollment		
	合计 Total	博士 Ph.D.	硕士 MS	合计 Total	博士 Ph.D.	硕士 MS
上海硅酸盐研究所 Shanghai Inst. of Ceramics	129	59	70	339	179	160
上海有机化学研究所 Shanghai Inst. of Organic Chemistry	168	76	92	447	182	265
上海药物研究所 Shanghai Inst. of Materia Medica	158	68	90	405	211	194
上海生命科学研究院 Shanghai Institutes for Biological Sciences	467	229	238	1446	954	492
上海微系统与信息技术研究所 Shanghai Inst. of Microsystem and Information Technology	130	52	78	364	169	195
上海光学精密机械研究所 Shanghai Inst. of Optics and Fine Mechanics	145	65	80	423	219	204
上海技术物理研究所 Shanghai Inst. of Technical Physics	124	54	70	368	198	170
福建物质结构研究所 Fujian Inst. of Research on the Structure of Matter	110	44	66	310	136	174
宁波材料技术与工程研究所 Ningbo Inst of Material Technology and Engineering	52	19	33	89	25	64
上海巴斯德研究所 Inst. Pasteur of Shanghai	25	13	12	13	13	
城市环境研究所 Inst. Of Urban Environment	41	19	22	88	44	44
江苏省 Jiangsu Province	226	98	128	667	327	340
紫金山天文台 Purple Mountain Observatory	29	10	19	105	43	62
南京地理与湖泊研究所 Nanjing Inst. of Geography and Limnology	52	26	26	156	89	67
南京地质古生物研究所 Nanjing Inst. of Geology and Palaeontology	19	6	13	64	29	35
南京土壤研究所 Nanjing Inst. of Soil Science	84	39	45	247	132	115

授予博士学位 Doctor's degree				授予硕士学位 Master's degree			
合计 Total	理学 Natural sciences	工学 Enginee-ring sciences	其他 Others	合计 Total	理学 Natural sciences	工学 Enginee-ring sciences	其他 Others
53		53		20		20	
62	62			6	6		
58	58			36	36		
160	160			38	38		
43		43		40		40	
61	15	46		31	3	28	
51	16	35		48	18	30	
48	48			31	26	5	
92	51		41	75	60	1	14
10	10			17	16	1	
32	32			20	20		
9	9			8	8		
41			41	26	12		14

招生单位 Institution	录取研究生 Enrollment in 2007			在学研究生 Total enrollment		
	合计 Total	博士 Ph.D.	硕士 MS	合计 Total	博士 Ph.D.	硕士 MS
南京中科天文仪器有限公司 CAS Nanjing Astronomic Instrument Co., Ltd.	2		2	5		5
苏州纳米技术与纳米仿生研究所 Suzhou Institute of Nano-tech and Nano-bionics	40	17	23	90	34	56
安徽省 Anhui Province	3385	852	2533	9765	2808	6957
合肥物质科学研究院 Hefei Institutes of Physical Sciences	323	127	196	941	408	533
中国科学技术大学 University of Science and Technology of China	3062	725	2337	8824	2400	6424
湖北省 Hubei Province	475	188	287	1350	641	709
武汉物理与数学研究所 Wuhan Inst. of Physics and Mathematics	88	36	52	255	125	130
武汉岩土力学研究所 Wuhan Inst. of Rock and Soil Mechanics	63	28	35	173	99	74
测量与地球物理研究所 Inst. of Geodesy and Geophysics	31	9	22	91	38	53
武汉植物园 Wuhan Botanical Garden	44	15	29	130	55	75
水生生物研究所 Inst. of Hydrobiology	171	68	103	470	227	243
武汉病毒研究所 Wuhan Inst. of Virology	78	32	46	231	97	134
广东省、湖南省 Guangdong and Hunan Provinces	564	234	330	1672	802	870
中科院广州化学有限公司 CAS Guangzhou Chemistry Co., Ltd.	26	9	17	76	26	50
广州地球化学研究所 Guangzhou Inst. of Geochemistry	163	86	77	568	371	197
南海海洋研究所 South China Sea Inst. of Oceanology	93	38	55	290	128	162
华南植物园 South China Botanical Garden	94	33	61	268	94	174

续表 7-3

授予博士学位 Doctor's degree				授予硕士学位 Master's degree			
合计 Total	理学 Natural sciences	工学 Engineering sciences	其他 Others	合计 Total	理学 Natural sciences	工学 Engineering sciences	其他 Others
				4	4		
675	360	283	32	1984	257	497	1230
111	90	21		89	58	31	
564	270	262	32	1895	199	466	1230
175	131	44		114	98	15	1
42	42			18	18		
38		38		8		8	
6		6		14	7	7	
7	7			18	17		1
60	60			27	27		
22	22			29	29		
184	178	6		166	128	33	5
10	10			14	11	3	
98	98			38	38		
30	30			31	28	2	1
30	30			40	40		

招 生 单 位 Institution	录取研究生 Enrollment in 2007			在学研究生 Total enrollment		
	合 计 Total	博 士 Ph.D.	硕 士 MS	合 计 Total	博 士 Ph.D.	硕 士 MS
广州能源研究所 Guangzhou Inst. of Energy Conversion	46	14	32	136	49	87
亚热带农业生态研究所 Inst. of Subtropical Agriculture	41	15	26	107	45	62
广州生物医药与健康研究院 Guangzhou Inst. of Biomedicine and Health	49	22	27	127	63	64
深圳先进技术研究院 Shenzhen Institute of Advanced Technology	52	17	35	100	26	74
四川省 Sichuan Province	312	129	183	946	449	497
中国科学院成都有机化学有限公司 CAS Chengdu Organic Chemistry Co., Ltd.	53	27	26	154	85	69
成都山地灾害与环境研究所 Chengdu Inst. of Mountain Hazards and Environment	50	25	25	148	81	67
成都生物研究所 Chengdu Inst. of Biology	83	31	52	250	107	143
中科院成都信息技术有限公司 CAS Chengdu Information Technology Co., Ltd.	33	11	22	109	41	68
光电技术研究所 Inst. of Optics and Electronics	93	35	58	285	135	150
云南省、贵州省 Yunnan and Guizhou Provinces	338	140	198	1017	452	565
云南天文台 Yunnan Astronomical Observatory	34	12	22	107	41	66
昆明植物研究所 Kunming Inst. of Botany	90	41	49	267	121	146
西双版纳热带植物园 Xishuangbanna Tropical Botanical Garden	53	16	37	171	58	113
昆明动物研究所 Kunming Inst. of Zoology	73	32	41	216	99	117
地球化学研究所 Inst. of Geochemistry	88	39	49	256	133	123

续表 7-3

授予博士学位 Doctor's degree				授予硕士学位 Master's degree			
合计 Total	理学 Natural sciences	工学 Enginee-ring sciences	其他 Others	合计 Total	理学 Natural sciences	工学 Enginee-ring sciences	其他 Others
6		6		28		28	
10	10			15	11		4
123	75	48		141	73	68	
27	18	9		19	15	4	
25	25			22	19	3	
31	31			36	36		
9	1	8		24	1	23	
31		31		40	2	38	
142	142			122	122		
12	12			19	19		
37	37			26	26		
15	15			43	43		
24	24			20	20		
54	54			14	14		

招生单位 Institution	录取研究生 Enrollment in 2007			在学研究生 Total enrollment		
	合计 Total	博士 Ph.D.	硕士 MS	合计 Total	博士 Ph.D.	硕士 MS
陕西省 Shaanxi Province	206	71	135	670	272	398
国家授时中心 National Time Service Center	28	8	20	88	29	59
水土保持与生态环境研究中心 Research Center of Soil of Water Conservation and Eco-Environmental Science	43	19	24	134	69	65
西安光学精密机械研究所 Xi'an Inst. of Optics and Precision Mechanics	106	33	73	360	135	225
地球环境研究所 Inst. of Earth Environment	29	11	18	88	39	49
甘肃省、青海省 Gansu and Qinghai Provinces	415	183	232	1256	602	654
近代物理研究所 Inst. of Modern Physics	80	30	50	180	32	148
兰州化学物理研究所 Lanzhou Inst. of Chemical Physics	104	56	48	342	206	136
兰州地质研究所 Lanzhou Inst. of Geology	20	7	13	53	21	32
青海盐湖研究所 Qinghai Inst. of Saline Lakes	41	9	32	109	29	80
西北高原生物研究所 Northwest Inst. of Plateau Biology	45	16	29	146	59	87
寒区旱区环境与工程研究所 Cold and Arid Regions Environmental and Engineering Research Inst.	125	65	60	426	255	171
新疆维吾尔自治区 Xinjiang Uygur Autonomous Region	176	52	124	469	150	319
乌鲁木齐天文站 Urumqi Astromomical Observatorial Station	14	3	11	32	3	29
新疆理化技术研究所 Xinjiang Technical Inst. of Physics and Chemistry	59	16	43	138	31	107
新疆生态与地理研究所 Xinjiang Inst. of Ecology and Geography	103	33	70	299	116	183

续表 7-3

授予博士学位 Doctor's degree				授予硕士学位 Master's degree			
合计 Total	理学 Natural sciences	工学 Engineering sciences	其他 Others	合计 Total	理学 Natural sciences	工学 Engineering sciences	其他 Others
63	30	23	10	124	29	80	15
6	6			19	5	14	
18	8		10	18	3		15
30	7	23		75	9	66	
9	9			12	12		
157	148	9		152	131	21	
21	15	6		28	20	8	
52	52			20	16	4	
8	8			8	8		
12	12			18	15	3	
11	11			25	25		
53	50	3		53	47	6	
32	32			90	71	15	4
				6	6		
7	7			29	14	15	
25	25			55	51		4

7-4　中国科学院院长奖学金获奖情况

Statistics of CAS President's Scholarship

单位：人　　(person)

年 份 Year	获特别奖人数 Number of special awards	获优秀奖人数 Number of excellence awards
1989	8	136
1990	10	145
1991	10	142
1992	9	154
1993	10	154
1994	15	151
1995	16	152
1996	20	150
1997	20	149
1998	20	150
1999	20	150
2000	20	149
2001	19	151
2002	20	150
2003	20	200
2004	20	199
2005	20	196
2006	20	199
2007	20	200
2008	20	200

7-5 博士后情况(2008 年)

Post-doctoral: 2008

单位：人 (person)

单位 Institutions	在站博士后人数 Number of persons at post-doctoral researcher centers	其中:外籍博士后在站人数 Of which: Number of post-doctors with foreign citizenship	当年进站博士后人数 Number of post-doctors enrolled in 2008	其中:外籍博士后在站人数 Of which: Number of post-doctors with foreign citizenship	当年出站博士后人数 Number of post-doctors graduated from centers in 2008
总 计 Total	**1938**	**43**	**849**	**25**	**480**
北京市 Beijing	935	20	402	7	232
数学与系统科学研究院 Academy of Mathematics and Systems Science	41		14		
物理研究所 Inst. of Physics	14		6		
声学研究所 Inst. of Acoustics	20		5		
理论物理研究所 Inst. of Theoretical Physics	14	2	6	1	5
高能物理研究所 Inst. of High Energy Physics	51	2	26	1	23
国家天文台 National Astronomical Observatories of China	21	1	4	1	6
力学研究所 Inst. of Mechanics	22		3		
化学研究所 Inst. of Chemistry	40		23		11
理化技术研究所 Technical Inst. of Physics and Chemistry	13		5		
生态环境研究中心 Research Center for Eco-Environmental Sciences	51	2	26		12
过程工程研究所 Inst. of Process Engineering	11		6		7
地理科学与资源研究所 Inst. of Geographical Sciences and Natural Resources Research	125		53		30
遥感应用研究所 Inst. of Remote Sensing Application	19		12		5
地质与地球物理研究所 Inst. of Geology and Geophysics	113		36		15
古脊椎动物与古人类研究所 Inst. of Vertebrate Paleontology and Paleoanthropology	12	5	5	1	1
大气物理研究所 Inst. of Atmospheric Physics	14	1	5	1	8
植物研究所 Inst. of Botany	34	2	11	1	13

单位 Institutions	在站博士后人数 Number of persons at post-doctoral researcher centers	其中:外籍博士后在站人数 Of which: Number of post-doctors with foreign citizenship	当年进站博士后人数 Number of post-doctors enrolled in 2008	其中:外籍博士后在站人数 Of which: Number of post-doctors with foreign citizenship	当年出站博士后人数 Number of post-doctors graduated from centers in 2008
动物研究所 Inst. of Zoology	33	3	14	1	6
心理研究所 Inst. of Psychology	21	1	4		2
微生物研究所 Inst. of Microbiology	19		10		7
生物物理研究所 Inst. of Biophysics	29	1	14		10
遗传与发育生物学研究所 Inst. of Genetics and Developmental Biology	17		3		12
计算技术研究所 Inst. of Computing Technology	16		10		
软件研究所 Inst. of Software	14		4		3
半导体研究所 Inst. of Semiconductors	18		15		5
电工研究所 Inst. of Electrical Engineering	12		6		6
自动化研究所 Inst. of Automation	30		14		14
电子学研究所 Inst. of Electronics	7		1		
工程热物理研究所 Inst. of Engineering Thermophysics	11		5		2
空间科学与应用研究中心 Center for Space Science and Applied Research	7		3		3
高等科学技术中心 China Center of Advanced Science and Technology	1				
自然科学史研究所 Inst. of History of Natural Sciences	3		2		
微电子研究所 Inst. of Microelectronics	9		1		2
科技政策与管理科学研究所 Inst. of Policy and Management	18		5		6
青藏高原研究所 Inst.of Qinghai-Tibet Plateau	15		6		6
国家纳米科学中心 National Center for Nano-Science and Technology of China			5		2
光电研究院 Inst. of Optoelectronics					
中国科学院研究生院 Graduate University of Chinese Academy of Sciences	40		34		10
计算机网络信息中心 Computer Network Information Center					

续表 7-5

单位 Institutions	在站博士后人数 Number of persons at post-doctoral researcher centers	其中:外籍博士后在站人数 Of which: Number of post-doctors with foreign citizenship	当年进站博士后人数 Number of post-doctors enrolled in 2008	其中:外籍博士后在站人数 Of which: Number of post-doctors with foreign citizenship	当年出站博士后人数 Number of post-doctors graduated from centers in 2008
山西省 Shanxi Province	2		1		1
山西煤炭化学研究所 Shanxi Inst. of Coal Chemistry	2		1		1
辽宁省、山东省 Liaoning and Shandong Provinces	114	1	54		28
大连化学物理研究所 Dalian Inst. of Chemical Physics	46	1	17		9
沈阳应用生态研究所 Shenyang Inst. of Applied Ecology	21		7		4
金属研究所 Inst. of Metals Research	25		11		7
沈阳自动化研究所 Shenyang Inst. of Automation	15		5		2
海洋研究所 Inst. of Oceanology	7		14		6
吉林省 Jilin Province	95		30		43
长春应用化学研究所 Changchun Inst. of Applied Chemistry	51		23		24
长春光学精密机械与物理研究所 Changchun Inst. of Optics, Fine Mechanics and Physics	39		5		17
东北地理与农业生态研究所 Northeast Inst. of Geography and Agricultural Ecology	5		2		2
上海市、福建省、浙江省 Shanghai, Fujian Province and Zhejiang Province	214	11	145	7	68
上海应用物理研究所 Shanghai Inst. of Applied Physics	11		5		7
上海天文台 Shanghai Observatory	13	5	7	3	2
上海硅酸盐研究所 Shanghai Inst. of Ceramics	8		14		6
上海有机化学研究所 Shanghai Inst. of Organic Chemistry	17		7		10
上海药物研究所 Shanghai Inst. of Materia Medica	23		13		17
上海生命科学研究院 Shanghai Institutes for Biological Sciences	92	6	56	4	13
上海微系统与信息技术研究所 Shanghai Inst. of Microsystem and Information Technology	22		12		3
上海光学精密机械研究所 Shanghai Inst. of Optics and Fine Mechanics	7		3		3

单位 Institutions	在站博士后人数 Number of persons at post-doctoral researcher centers	其中:外籍博士后在站人数 Of which: Number of post-doctors with foreign citizenship	当年进站博士后人数 Number of post-doctors enrolled in 2008	其中:外籍博士后在站人数 Of which: Number of post-doctors with foreign citizenship	当年出站博士后人数 Number of post-doctors graduated from centers in 2008
上海技术物理研究所 Shanghai Inst. of Technical Physics	13		7		2
福建物质结构研究所 Fujian Inst. of Research on the Structure of Matter	8		3		2
宁波材料技术与工程研究所 Ningbo Inst. of Material Technology and Engineering			18		3
江苏省 Jiangsu Province	45	4	14	2	8
紫金山天文台 Purple Mountain Observatory	1	1	3		2
南京地理与湖泊研究所 Nanjing Inst. of Geography and Limnology	16		5		
南京地质古生物研究所 Nanjing Inst. of Geology and Palaeontology	5	3	2	2	
南京土壤研究所 Nanjing Inst. of Soil Science	23		4		6
安徽省 Anhui Province	255	1	120	1	77
合肥物质科学研究院 Hefei Institutes of Physical Sciences	26		12		
中国科学技术大学 University of Science and Technology of China	229	1	108	1	77
湖北省 Hubei Province	44	1	17	1	4
武汉物理与数学研究所 Wuhan Inst. of Physics and Mathematics	5		1		
水生生物研究所 Inst. of Hydrobiology	19		6		
武汉病毒研究所 Wuhan Inst.of Virology	1		1		
测量与地球物理研究所 Inst. of Geodesy and Geophysics	3	1	1	1	
武汉岩土力学研究所 Wuhan Inst. of Rock and Soil Mechanics	15		8		4
武汉植物园 Wuhan Botanical Garden	1				
广东省、湖南省 Guangdong and Hunan Provinces	64	2	20	1	4
广州地球化学研究所 Guangzhou Inst. of Geochemistry	45		5		
南海海洋研究所 South China Sea Inst. of Oceanology	11	1	13	1	4

续表 7-5

单位 Institutions	在站博士后人数 Number of persons at post-doctoral researcher centers	其中:外籍博士后在站人数 Of which: Number of post-doctors with foreign citizenship	当年进站博士后人数 Number of post-doctors enrolled in 2008	其中:外籍博士后在站人数 Of which: Number of post-doctors with foreign citizenship	当年出站博士后人数 Number of post-doctors graduated from centers in 2008
华南植物园 South China Botanical Garden	8	1	2		
亚热带农业生态研究所 Inst. of Subtropical Agriculture					
云南省、贵州省 Yunnan and Guizhou Provinces	69	2	15	5	7
地球化学研究所 Inst. of Geochemistry	45		8	2	7
昆明植物研究所 Kunming Inst. of Botany	8	1	4		
昆明动物研究所 Kunming Inst. of Zoology	13		2	2	
西双版纳热带植物园 Xishuangbanna Tropical Botanical Garden	3	1	1	1	
四川省 Sichuan Province	9		7		2
成都山地灾害与环境研究所 Chengdu Inst. of Mountain Hazards and Environment	6		3		1
光电技术研究所 Inst. of Optics and Electronics	3		4		1
陕西省 Shaanxi Province	13	1	6	1	3
西安光学精密机械研究所 Xi'an Inst. of Optics and Precision Mechanics	11		4		3
地球环境研究所 Inst. of Earth Environment	2	1	2	1	
甘肃省、青海省 Gansu and Qinghai Provinces	79		18		3
近代物理研究所 Inst. of Modern Physics	14		7		
兰州化学物理研究所 Lanzhou Inst. of Chemical Physics	15		1		
寒区旱区环境与工程研究所 Cold and Arid Regions Environmental and Engineering Research Inst.	43		9		
西北高原生物研究所 Northwest Inst. of Plateau Biology	7		1		3

注：成都有机化学有限公司 2008 年在站博士后 2 个，水利部水土保持研究所 2008 年在站博士后 5 个，2008 年共计在站博士后 1945 人。

Note: In 2008, there were two post-doctoral research centers in Chengdu Organic Chemistry Co., Ltd, CAS, and five ones in Inst. of soil and Water Conservation, CAS and Ministry of Water Resources. The total number of persons at the post-doctoral research centers, at the same year, reached to 1945.

7-6 派往国外及香港地区留学人员情况
Statistics of Students and Visiting Scholars Sent Abroad and to Hong Kong Special Administrative Region

单位：人 (person)

年 份 Year	派出总人数 Total number of persons sent abroad	访问学者 Visiting scholars	研究生 Graduate students	回国人数 Number of people returned
1979	588	489	99	408
1980	651	520	131	517
1981	725	566	159	536
1982	520	395	125	186
1983	559	389	170	36
1984	435	325	110	549
1985	779	555	224	302
1986	919	504	415	317
1987	710	420	290	295
1988	591	373	218	214
1989	410	355	55	199
1990	360	325	35	70
1991	326	313	13	113
1992	389	366	23	226
1993	373	346	27	230
1994	409	378	31	347
1995	415	369	46	322
1996	357	308	49	293
1997	361	331	30	308
1998	432	383	49	543
1999	378	340	38	464
2000	528	447	81	492
2001	401	307	94	360
2002	412	315	97	330
2003	427	351	76	329
2004	313	252	61	298
2005	314	275	39	251
2006	276	272	4	227
2007	311	263	48	242
2008	571	518	53	526

7-7 派往国外及香港地区留学人员情况(2008 年)

Statistics of Students and Visiting Scholars Sent Abroad and to Hong Kong Special Administrative Region: 2008

单位：人 (person)

派往国家和地区 Country and region	当年派出人数 Number of people sent abroad in current year			年龄组 Age group			研究课题性质 Field of study		
	总计 Total	访问学者 Visiting scholars	研究生 Graduate students	30岁以下 Under 30	30~40岁 30~40	40岁以上 Over 40	基础 Basic	应用 Applied	其他 Others
合计 Total	**571**	**518**	**53**	**80**	**261**	**230**	**398**	**115**	**58**
美国 America	264	264		10	136	118	186	41	37
加拿大 Canada	46	46		2	20	24	36	8	2
英国 England	41	41		3	25	13	26	11	4
法国 France	23	23		3	10	10	15	4	4
德国 Germany	68	15	53	57	6	5	60	8	
日本 Japan	20	20			10	10	15	5	
澳大利亚 Australia	41	41		1	23	17	29	7	5
荷兰 Netherlands	11	11		2	7	2	5	6	
瑞典 Sweden	2	2				2	2		
意大利 Italy	5	5			3	2		5	
香港 Hong Kong	5	5			1	4	5		
韩国 Republic of Korea									
新加坡 Singapore	3	3		1	2		3		
其他 Others	42	42		1	18	23	16	20	6

7-8 职工继续教育

Statistics of Staff Continued Education and

单位：人次

单位 Unit	总计 Total	技能培训 Skill training		科技知识 S&T knowledge			
		外语培训 Foreign languages	计算机培训 Computer	专业高级研讨班 S&T seminar	学术会议 Academic meeting	科技讲座 S&T lecture	国内地区进修 Inland advanced study
合计 **Total**	**262967**	**3544**	**4289**	**16023**	**76013**	**73274**	**1509**
一、地区培训 By region							
北京地区 Beijing region	133470	2392	784	7868	52157	40115	527
沈阳地区 Shenyang region	16963	246	1013	1131	3203	5810	20
长春地区 Changchun region	10761	384	979	2249	1149	3088	20
上海地区 Shanghai region	16084	81	118	476	5014	3657	212
南京地区 Nanjing region	12374	8	6	145	2554	2691	20
合肥地区 Hefei region	6559	36	0	143	3125	1856	20
武汉地区 Wuhan region	18433	84	1018	1800	2851	6652	212
广州地区 Guangzhou region	4859	10	48	247	734	1509	62

和社会培训情况(2008 年)

Personnel Trained for the Society: 2008

(person · time)

技术岗位培训 Technical training	管理干部培训 Training for adminis-trator	学历教育 Schooling education		境外培训 Oversea training	为社会培训 Trained for the society	其他培训 Other training
		在职攻读学位 Study for degrees at job	成人高教 Adult higher education			
24393	**19747**	**1373**	**610**	**1440**	**23961**	**16791**
12586	5441	293	43	572	5024	5668
677	1261	139	5	51	1098	2309
1579	710	45	3	5	368	182
2951	1649	231	49	350	381	915
538	730	28	2	92	5447	113
623	170	14	10	0	0	562
436	1499	41	0	41	3176	623
415	183	50	5	15	1315	266

单 位 Unit	总 计 Total	技能培训 Skill training		科技知识 S&T knowledge			
		外语培训 Foreign languages	计算机培训 Computer	专业高级研讨班 S&T seminar	学术会议 Academic meeting	科技讲座 S&T lecture	国内地区进修 Inland advanced study
成都地区 Chengdu region	7140	78	108	675	634	1253	163
昆明地区 Kunming region	8346	3	32	277	1384	3868	3
西安地区 Xi'an region	6947	0	0	211	187	1224	0
兰州地区 Lanzhou region	6948	99	26	731	947	926	211
新疆地区 Xinjiang region	5857	3	67	0	180	515	12
二、院校培训 By College							
中国科学院研究生院 Graduate University of Chinese Academy of Sciences	5194	120	90	70	190	110	9
中国科学技术大学 University of Science and Technology of China	3032	0	0	0	1704	0	18

续表 7-8

技术岗位培训 Technical training	管理干部培训 Training for adminis-trator	学历教育 Schooling education		境外培训 Oversea training	为社会培训 Trained for the society	其他培训 Other training
		在职攻读学位 Study for degrees at job	成人高教 Adult higher education			
1089	1257	216	29	18	1049	571
1307	1253	47	16	18	104	34
1204	1402	76	1	9	1687	946
812	2082	153	16	153	542	250
43	1273	15	2	75	3220	452
6	110	18	6	15	550	3900
127	727	7	423	26	0	0

7-9 中国科学院“百人计划”招聘情况
Young Scholars Selected into CAS Hundred Talents Program

年 份 Year	招聘人数 Number of scholars selected	招聘类别 Types for selection			
		国内“百人计划” Domestic “Hundred Talents Program”	引进国外杰出人才 Bring in outstanding talents from abroad	项目“百人计划” “Hundred Talents Program”	海外知名学者 Introduce overseas celebrated scholars
合 计 Total	**1862**	**295**	**1251**	**33**	**283**
1994	14	14			
1995	20	20			
1996	28	28			
1997	88	69	19		
1998	104	32	72		
1999	115	13	102		
2000	203	13	190		
2001	133	11	105		17
2002	134	23	86		25
2003	92	9	75		8
2004	236	19	156		61
2005	292	17	162		113
2006	90	10	80		
2007	59	2	57		
2008	254	15	147	33	59

注：“百人计划”是我院引进优秀人才计划的总称，从1997年起，它分为“引进国外杰出人才”计划和国内“百人计划”两部分；从2001年起，增设“海外知名学者”计划；从2007年起增设项目“百人计划”。

Note: “Hundred Talents Program” is a general term for the program of introducing excellent talents to CAS. Since 1997, the “Hundred Talents Program” has been expanded to two programs: “Bring in Outstanding Talents from Abroad” and “Domestic Hundred Talents Program”. From 2001, another program of “Introduce Overseas Celebrated Sholars” has been established. From 2007, an updated “Hundred Talents Program” has been established.

7-10 中国科学院“百人计划”各单位招聘情况

Young Scholars Selected into CAS Hundred Talents Program, by Institution

单 位 Unit	招聘人数 Introduced talents
总 计 Total	**1862**
北京市 Beijing	767
数学与系统科学研究院 Academy of Mathematics and Systems Science	37
物理研究所 Inst. of Physics	76
声学研究所 Inst. of Acoustics	11
理论物理研究所 Inst. of Theoretical Physics	19
理化技术研究所 Technical Inst. of Physics and Chemistry	20
高能物理研究所 Inst. of High Energy Physics	28
国家天文台 National Astronomical Observatories of China	22
力学研究所 Inst. of Mechanics	18
化学研究所 Inst. of Chemistry	73
生态环境研究中心 Research Center for Eco-Environmental Sciences	20
国家纳米科学中心 National Center for Nano Science and Technology of China	10
过程工程研究所 Inst. of Process Engineering	22
地理科学与资源研究所 Inst. of Geographic Sciences and Natural Resources Research	23
青藏高原研究所 Inst.of Qinghai-Tibet Plateau	6
地质与地球物理研究所 Inst. of Geology and Geophysics	23
古脊椎动物与古人类研究所 Inst. of Vertebrate Paleontology and Paleoanthropology	6
大气物理研究所 Inst. of Atmospheric Physics	26

续表 7-10

单　位 Unit	招聘人数 Introduced talents
遥感应用研究所 Inst. of Remote Sensing Application	6
植物研究所 Inst. of Botany	28
动物研究所 Inst. of Zoology	28
心理研究所 Inst. of Psychology	5
微生物研究所 Inst. of Microbiology	27
生物物理研究所 Inst. of Biophysics	24
遗传与发育生物学研究所 Inst. of Genetics and Developmental Biology	45
北京基因组研究所 Beijing Inst. of Genomics	8
计算技术研究所 Inst. of Computing Technology	15
软件研究所 Inst. of Software	8
半导体研究所 Inst. of Semiconductors	21
微电子研究所 Inst. of Microelectronics	9
电子学研究所 Inst. of Electronics	8
电工研究所 Inst. of Electrical Engineering	11
工程热物理研究所 Inst. of Engineering Thermophysics	11
空间科学与应用研究中心 Center for Space Science and Applied Research	13
自动化研究所 Inst. of Automation	22
自然科学史研究所 Inst. of History of Natural Sciences	2
中国科学院研究生院 Graduate University of Chinese Academy of Sciences	33
天津工业生物技术研究所 Tianjin Inst. of Industrial Biotechnology	3
山西省 Shanxi Province	9

续表 7-10

单 位 Unit	招聘人数 Introduced talents
山西煤炭化学研究所 Shanxi Inst. of Coal Chemistry	9
辽宁省、山东省 Liaoning and Shandong Provinces	136
大连化学物理研究所 Dalian Inst. of Chemical Physics	46
沈阳应用生态研究所 Shenyang Inst. of Applied Ecology	13
沈阳自动化研究所 Shenyang Inst. of Automation	6
金属研究所 Inst. of Metals Research	38
海洋研究所 Inst. of Oceanology	26
青岛生物能源与过程研究所 QingDao Inst. of Bioenergy and Bioprocess Technology	4
烟台海岸带可持续发展研究所 Yantai Inst. of Coastal Zone Research for Sustainable Development	3
吉林省 Jilin Province	51
长春应用化学研究所 Changchun Inst. of Applied Chemistry	30
东北地理与农业生态研究所 Northeast Inst. of Geography and Agricultural Ecology	8
长春光学精密机械与物理研究所 Changchun Inst. of Optics，Fine Mechanics and Physics	13
上海市、福建省 Shanghai, Fujian Province	320
上海应用物理研究所 Shanghai Inst. of Applied Physics	16
上海天文台 Shanghai Observatory	9
上海硅酸盐研究所 Shanghai Inst. of Ceramics	27
上海有机化学研究所 Shanghai Inst. of Organic Chemistry	40
上海生命科学研究院 Shanghai Institutes for Biological Sciences	136
上海药物研究所 Shanghai Inst. of Materia Medica	5
上海巴斯德研究所 Inst. Pasteur of Shanghai	4

单 位 Unit	招聘人数 Introduced talents
上海微系统与信息技术研究所 Shanghai Inst. of Microsystem and Information Technology	16
上海光学精密机械研究所 Shanghai Inst. of Optics and Fine Mechanics	29
上海技术物理研究所 Shanghai Inst. of Technical Physics	5
福建物质结构研究所 Fujian Inst. of Research on the Structure of Matter	22
城市环境研究所 Inst. of Urban Invironment	3
宁波材料技术与工程研究所 Ningbo Inst. of Materials Technology and Engineering	8
江苏省 Jiangsu Province	51
紫金山天文台 Purple Mountain Observatory	12
南京地理与湖泊研究所 Nanjing Inst. of Geography and Limnology	8
南京地质古生物研究所 Nanjing Inst. of Geology and Palaeontology	11
南京土壤研究所 Nanjing Inst. of Soil Science	12
苏州纳米技术与纳米仿生研究所 Suzhou Inst. of Nano-Tech and Nano-Bionics	8
安徽省 Anhui Province	165
合肥物质科学研究院 Hefei Institutes of Physical Sciences	36
中国科学技术大学 University of Science and Technology of China	129
湖北省、湖南省 Hubei and Hunan Provinces	58
武汉物理与数学研究所 Wuhan Inst. of Physics and Mathematics	23
武汉岩土力学研究所 Wuhan Inst. of Rock and Soil Mechanics	4
武汉植物园 Wuhan Botanical Garden	9
水生生物研究所 Inst. of Hydrobiology	14
武汉病毒研究所 Wuhan Inst. of Virology	7

单　位 Unit	招聘人数 Introduced talents
测量与地球物理研究所 Inst. of Geodesy and Geophysics	1
广东省 　　Guangdong Province	82
广州地球化学研究所 Guangzhou Inst. of Geochemistry	21
南海海洋研究所 South China Sea Inst. of Oceanology	23
华南植物园 South China Botanical Garden	8
广州能源研究所 Guangzhou Inst. of Energy Conversion	13
亚热带农业生态研究所 Inst. of Subtropical Agriculture	4
中科院广州化学有限公司 CAS Guangzhou Chemistry Co., Ltd.	2
深圳先进技术研究院 Shen Zhen Inst. of Advanced Technology	6
广州生物医药与健康研究院 Guangzhou Inst.of Biomedicine and Health	5
四川省 　　Sichuan Province	33
成都山地灾害与环境研究所 Chengdu Inst. of Mountain Hazards and Environment	5
成都生物研究所 Chengdu Inst. of Biology	10
光电技术研究所 Inst. of Optics and Electronics	11
成都文献情报中心 Chengdu Documentation and Information Center	1
中科院成都信息技术有限公司 CAS Chengdu Information Technology Co., Ltd.	1
中国科学院成都有机化学有限公司 CAS Chengdu Organic Chemistry Co., Ltd.	5
云南省、贵州省 　　Yunnan and Guizhou Provinces	55
昆明植物研究所 Kunming Inst. of Botany	11
西双版纳热带植物园 Xishuangbanna Tropical Botanical Garden	8
昆明动物研究所 Kunming Inst. of Zoology	15

续表 7-10

单　位 Unit	招聘人数 Introduced talents
地球化学研究所 Inst. of Geochemistry	21
陕西省 　　Shaanxi Province	34
西安光学精密机械研究所 Xi'an Inst. of Optics and Precision Mechanics	13
地球环境研究所 Inst. of Earth Environment	6
水土保持与生态环境研究中心 Inst. of Soil and Water Conservation	14
国家授时中心 National Time Service Center	1
甘肃省、青海省 　　Gansu and Qinghai Provinces	92
近代物理研究所 Inst. of Modern Physics	23
兰州化学物理研究所 Lanzhou Inst. of Chemical Physics	21
寒区旱区环境与工程研究所 Cold and Arid Regions Environmental and Engineering Research Inst.	31
兰州地质研究所 Lanzhou Inst. of Geology	3
青海盐湖研究所 Qinghai Inst. of Saline Lakes	8
西北高原生物研究所 Northwest Inst. of Plateau Biology	6
新疆维吾尔自治区 　　Xinjiang Uygur Autonomous Region	9
新疆理化技术研究所 Xinjiang Technical Inst. of Physics and Chemistry	4
新疆生态与地理研究所 Xinjiang Inst. of Ecology and Geography	5

八、专利、科技论文、获奖成果

PATENTS, S&T PAPERS AND AWARD-WINNING ACHIEVEMENTS

8-1 专利申请受理量及授权量

Number of Patents Applied and Granted

单位: 件 (item)

年 份 Year	申请量 Applied				授权量 Granted			
	合计 Total	发 明 Invention	实用新型 Utility model	外观设计 Exterior design	合计 Total	发 明 Invention	实用新型 Utility model	外观设计 Exterior design
1985~1990	1607	988	619		790	371	419	
1991	298	190	107	1	168	89	79	
1992	367	228	139		212	105	107	
1993	414	262	150	2	255	104	150	1
1994	453	269	182	2	197	81	112	4
1995	499	301	195	3	224	86	137	1
1996	791	467	318	6	192	86	105	1
1997	945	589	333	23	257	93	160	4
1998	1059	694	346	19	264	76	176	12
1999	1127	775	340	12	472	108	360	4
2000	1701	1218	468	15	802	442	352	8
2001	2010	1526	477	7	920	455	453	12
2002	2523	2002	502	19	1001	583	413	5
2003	3210	2617	578	15	1522	1055	450	17
2004	3546	2944	567	35	2034	1484	521	29
2005	3899	3328	492	79	1948	1498	429	21
2006	4008	3510	487	11	2098	1536	517	45
2007	4339	3907	426	6	2179	1659	508	12
2008	5616	5014	582	20	2665	2100	554	11

注: 1. 表中申请量和授权量均为国内申请量和国内授权量。

Note: The number of patents applied and granted in the table are the number of patents applied and granted domestically.

2. 2008 年国外专利申请 188 件，国外专利申请授权 28 件。

In 2008,188 patents were applied overseas,of which 28 patents were granted.

8-2 专利申请受理量及授权量(2008年，按申请量排序)

Number of Patents Applied and Granted: 2008 (By the order of number of patents applied)

单位：件 (item)

机构名称 Institution	申请量 Applied				授权量 Granted			
	合计 Total	发明 Invention	实用新型 Utility model	外观设计 Exterior design	合计 Total	发明 Invention	实用新型 Utility model	外观设计 Exterior design
总计 Total	**5616**	**5014**	**582**	**20**	**2665**	**2100**	**554**	**11**
大连化学物理研究所 Dalian Inst. of Chemical Physics	319	312	7	0	110	103	7	0
金属研究所 Inst. of Metals Research	215	170	45	0	136	111	25	0
上海光学精密机械研究所 Shanghai Inst. of Optics and Fine Mechanics	215	128	87	0	233	116	117	0
计算技术研究所 Inst. of Computing Technology	203	199	3	1	98	98	0	0
长春应用化学研究所 Changchun Inst. of Applied Chemistry	195	192	3	0	90	89	1	0
化学研究所 Inst. of Chemistry	175	175	0	0	69	66	3	0
中国科学技术大学 University of Science and Technology of China	171	139	32	0	81	58	23	0
半导体研究所 Inst. of Semiconductors	161	160	1	0	104	97	7	0
长春光学精密机械与物理研究所 Changchun Inst. of Optics, Fine Mechanics and Physics	160	147	12	1	142	84	58	0
微电子研究所 Inst. of Microelectronics	158	158	0	0	26	23	3	0
过程工程研究所 Inst. of Processing Engineering	150	149	1	0	51	49	2	0
沈阳自动化研究所 Shenyang Inst. of Automation	145	93	52	0	78	33	45	0
上海硅酸盐研究所 Shanghai Inst. of Ceramics	143	141	2	0	84	79	5	0
自动化研究所 Inst. of Automation	119	119	0	0	55	46	9	0
声学研究所 Inst. of Acoustics	112	105	7	0	33	19	13	1

机构名称 Institution	申请量 Applied				授权量 Granted			
	合计 Total	发 明 Invention	实用新型 Utility model	外观设计 Exterior design	合计 Total	发 明 Invention	实用新型 Utility model	外观设计 Exterior design
物理研究所 Inst. of Physics	110	107	3	0	81	79	2	0
上海微系统与信息技术研究所 Shanghai Inst. of Microsystem and Information Technology	109	109	0	0	54	54	0	0
沈阳应用生态研究所 Shenyang Inst. of Applied Ecology	109	94	15	0	41	30	11	0
西安光学精密机械研究所 Xi'an Inst. of Optics and Precision Mechanics	109	64	45	0	46	19	27	0
合肥物质科学研究院 Hefei Institutes of Physical Sciences	104	95	7	2	91	75	12	4
电工研究所 Inst. of Electrical Engineering	103	98	5	0	31	29	2	0
上海生命科学研究院 Shanghai Institutes for Biological Sciences	101	100	1	0	16	16	0	0
兰州化学物理研究所 Lanzhou Inst. of Chemical Physics	95	95	0	0	27	25	2	0
上海药物研究所 Shanghai Inst. of Materia Medica	95	95	0	0	16	16	0	0
光电技术研究所 Inst. of Optics and Electronics	92	86	6	0	30	26	4	0
理化技术研究所 Technical Inst. of Physics and Chemistry	91	83	8	0	44	39	5	0
福建物质结构研究所 Fujian Inst. of Research on the Structure of Matter	89	89	0	0	17	16	1	0
上海技术物理研究所 Shanghai Inst. of Technical Physics	78	78	0	0	52	49	3	0
生态环境研究中心 Research Center for Eco-Environmental Sciences	71	67	4	0	41	33	8	0
山西煤炭化学研究所 Shanxi Inst. of Coal Chemistry	69	69	0	0	43	43	0	0
深圳先进技术研究院 Shenzhen Inst. of Advanced Technology	69	49	19	1	7	0	7	0
上海有机化学研究所 Shanghai Inst. of Organic Chemistry	68	68	0	0	45	45	0	0
电子学研究所 Inst. of Electronics	65	65	0	0	28	28	0	0

续表 8-2

机构名称 Institution	申请量 Applied				授权量 Granted			
	合计 Total	发 明 Invention	实用新型 Utility model	外观设计 Exterior design	合计 Total	发 明 Invention	实用新型 Utility model	外观设计 Exterior design
广州能源研究所 Guangzhou Inst. of Energy Conversion	65	49	16	0	28	19	9	0
海洋研究所 Inst. of Oceanology	59	54	5	0	36	28	8	0
中国科学院成都有机化学有限公司 CAS Chengdu Organic Chemistry Co., Ltd.	56	55	1	0	16	15	1	0
光电研究院 Inst. of Optoelectronics	52	29	23	0				
宁波材料技术与工程研究所 Ningbo Inst. of Material Technology and Engineering	48	48	0	0				
力学研究所 Inst. of Mechanics	47	41	6	0	48	40	8	0
工程热物理研究所 Inst. of Engineering Thermophysics	44	38	6	0	36	24	12	0
软件研究所 Inst. of Software	44	39	5	0	11	9	2	0
国家纳米科学中心 National Center for Nano Science and Technology of China	42	41	1	0				
武汉岩土力学研究所 Wuhan Inst. of Rock and Soil Mechanics	39	23	16	0	23	2	21	0
微生物研究所 Inst. of Microbiology	39	39	0	0	16	16	0	0
新疆理化技术研究所 Xinjiang Technical Inst. of Physics and Chemistry	36	36	0	0	12	12	0	0
遗传与发育生物学研究所 Inst. of Genetics and Developmental Biology	36	31	5	0	26	23	3	0
空间科学与应用研究中心 Center for Space Science and Applied Research	35	17	18	0	26	14	12	0
成都生物研究所 Chengdu Inst. of Biology	33	33	0	0	8	8	0	0
苏州纳米技术与纳米仿生研究所 Suzhou Inst. of Bio-Tech and Nano-Bionics	32	30	2	0	1	0	1	0
东北地理与农业生态研究所 Northeast Inst. of Geography and Agricultural Ecology	31	29	2	0	7	6	1	0
中科院广州化学有限公司 CAS Guangzhou Chemistry Co., Ltd.	30	30	0	0	26	26	0	0

续表 8-2

机构名称 Institution	申请量 Applied				授权量 Granted			
	合计 Total	发 明 Invention	实用新型 Utility model	外观设计 Exterior design	合计 Total	发 明 Invention	实用新型 Utility model	外观设计 Exterior design
昆明植物研究所 Kunming Inst. of Botany	30	30	0	0	11	11	0	0
南海海洋研究所 South China Sea Inst. of Oceanology	30	28	2	0	18	17	1	0
广州地球化学研究所 Guangzhou Inst. of Geochemistry	29	12	17	0	4	3	1	0
广州生物医药与健康研究院 Guangzhou Inst. of Biomedicine and Health	26	26	0	0	4	3	1	0
沈阳科学仪器研制中心有限公司 CAS Shenyang Scientific Instrument Development Co., Ltd.	25	8	14	3	11	2	9	0
上海应用物理研究所 Shanghai Inst. of Applied Physics	23	21	2	0	7	6	1	0
近代物理研究所 Inst. of Modern Physics	22	11	11	0	10	5	5	0
烟台海岸带可持续发展研究所 Yantai Inst. of Coastal Zone Research for Sustainable Development	20	19	1	0				
生物物理研究所 Inst. of Biophysics	19	19	0	0	7	7	0	0
植物研究所 Inst. of Botany	18	18	0	0	22	22	0	0
青海盐湖研究所 Qinghai Inst. of Saline Lakes	17	17	0	0	2	2	0	0
南京地理与湖泊研究所 Nanjing Inst. of Geography and Limnology	17	13	3	1	3	0	3	0
中国科学院沈阳计算技术研究所有限公司 CAS Shenyang Computing Technology Co., Ltd.	17	4	6	7	2	1	0	1
地理科学与资源研究所 Inst. of Geographic Sciences and Natural Resources Research	16	16	0	0	2	2	0	0
国家天文台 National Astronomical Observatories of China	15	15	0	0	3	3	0	0
北京中科科仪技术发展有限责任公司 KYKY Technology Development Ltd.	15	5	6	4	6	0	2	4
青岛生物能源与过程研究所 Qingdao Inst. of Bioenergy and Bioprocess Technology	14	13	1	0				

续表 8-2

机构名称 Institution	申请量 Applied				授权量 Granted			
	合计 Total	发 明 Invention	实用新型 Utility model	外观设计 Exterior design	合计 Total	发 明 Invention	实用新型 Utility model	外观设计 Exterior design
国家授时中心 National Time Service Center	14	7	7	0	13	0	13	0
中国科学院研究生院 Graduate University of Chinese Academy of Sciences	13	12	1	0	7	6	1	0
南京土壤研究所 Nanjing Inst. of Soil Science	13	10	3	0	8	8	0	0
水生生物研究所 Inst. of Hydrobiology	13	9	4	0	5	3	2	0
西北高原生物研究所 Northwest Inst. of Plateau Biology	12	12	0	0	4	4	0	0
昆明动物研究所 Kunming Inst. of Zoology	11	11	0	0	2	2	0	0
亚热带农业生态研究所 Inst. of Subtropical Agriculture	11	11	0	0	3	3	0	0
水土保持与生态环境研究中心 Inst. of Soil and Water Conservation	11	10	1	0	1	1	0	0
新疆生态与地理研究所 Xinjiang Inst. of Ecology and Geography	11	9	2	0	4	2	2	0
测量与地球物理研究所 Inst. of Geodesy and Geophysics	10	5	5	0	5	1	4	0
华南植物园 South China Botanical Garden	9	9	0	0	1	1	0	0
动物研究所 Inst. of Zoology	9	7	2	0	12	12	0	0
中科院成都信息技术有限公司 CAS Sichuan Information Technology Co., Ltd.	9	6	3	0				
寒区旱区环境工程研究所 Cold and Arid Regions Environmental and Engineering Research Inst.	9	3	6	0	11	7	4	0
计算机网络信息中心 Computer Network Information Center	8	8	0	0	3	2	1	0
成都山地灾害与环境研究所 Chengdu Inst. of Mountain Hazards and Environment	8	5	3	0	3	0	3	0
高能物理研究所 Inst. of High Energy Physics	8	5	3	0	2	2	0	0
西双版纳热带植物园 Xishuangbanna Tropical Botanical Garden	7	6	1	0	1	1	0	0

续表 8-2

机构名称 Institution	申请量 Applied				授权量 Granted			
	合计 Total	发明 Invention	实用新型 Utility model	外观设计 Exterior design	合计 Total	发明 Invention	实用新型 Utility model	外观设计 Exterior design
地质与地球物理研究所 Inst. of Geology and Geophysics	7	5	2	0	1	0	1	0
武汉物理与数学研究所 Wuhan Inst. of Physics and Mathematics	7	4	3	0	14	7	7	0
武汉植物园 Wuhan Botanical Garden	6	5	1	0	9	8	1	0
北京基因组研究所 Beijing Inst. of Genomics	5	5	0	0				
武汉病毒研究所 Wuhan Inst. of Virology	4	4	0	0	6	5	0	1
紫金山天文台 Purple Mountain Observatory	4	4	0	0	2	2	0	0
遥感应用研究所 Inst. of Remote Sensing Application	3	3	0	0	1	1	0	0
华建机器翻译有限公司 Huajian Machine Translation Co., Ltd.	2	2	0	0				
上海天文台 Shanghai Observatory	1	1	0	0	3	0	3	0
地球化学研究所 Inst. of Geochemistry	1	1	0	0				
中科院广州电子技术有限公司 CAS Guangzhou Electronics Co., Ltd.	1	0	1	0	7	0	7	0
南京地质古生物研究所 Nanjing Inst. of Geology and Palaeontology					2	1	1	0
心理研究所 Inst. of Psychology					1	0	1	0
大气物理研究所 Inst. of Atmospheric Physics					1	1	0	0
对地观测与数字地球科学中心 Center for Earth Observation and Digital Earth					1	1	0	0

8-3 科技论文的发表及被引用情况
S&T Publications and Citations

年 份 Year	被国际上收录 (篇) Catalogued by major international indexes (article)	SCIE 论文 Catalogued by SCIE (article)	SCI 论文被引用 Cited internationally		国内刊物发表 (篇) Publications in domestic journals (article)
			篇 (article)	次 (time)	
1988	2212	1713			5458
1989	1740	1270			6099
1990	2097	1611	1568		6430
1991	2304	1690	1217	2440	6671
1992	2642	1724	1943	3898	7170
1993	3539	1877	2284	4393	6754
1994	4064	1993	2318	4286	7038
1995	4614	2276	2615	5033	7424
1996	4219	2224	2943	5727	7813
1997	5500	2926	3436	6724	8175
1998	5478	3277	3815	7534	8593
1999	8249	5376	4250	8582	9526
2000	9186	6063	5219	11046	10299
2001	10165	6725	6135	13658	11022
2002	11740	7611	7756	17624	11181
2003	14516	8632	9772	24746	12169
2004	15738	9500	9860	24746	12790
2005	22257	11952	15053	41934	13826
2006	23589	12392	17620	51926	14654
2007	24045	12423	19853	62007	13872

资料来源：中国科技信息研究所信息分析研究中心(表 8-3，表 8-4)。

Source: Center for Information Analysis, Institute of S&T Information of China (Table 8-3 and Table 8-4).

注：1.被国际收录的论文数据采集自美国的三种在国际上颇有影响的检索工具，即《科学引文索引》，《工程索引》和《科学技术会议索引》，国内论文数据直接取自选作统计源的国内科技期刊(2007 年为 1765 种)。

Note: Data in “Papers catalogued by major international indexes” are from SCI, EI and ISTP, and data in “Publications in domestic journals” are selected directly from domestic S&T journals (1765 journals in 2007) which are taken as the source.

2. SCI 论文被引用情况是指 SCI 引文数据库前 5 年收录的论文情况在第六年被引用的统计，例，2007 年 SCI 被引用是指 2002~2006 年被收录的论文在 2007 年被引用的情况，2006 年 SCI 论文被引用情况是指 2001~2005 年被收录的论文在 2006 年被引用的情况。其他年份依次类推。

Citation in the sixth year of papers quoted during the previous five years. For instance,citation in 2007 of papers quoted in 2002~2006, citation in 2006 of papers quoted in 2001~2005.The rest of the years is on this analogy.

3. 自 1999 年此表《SCI》论文检索数据源由光盘版改为扩展版《SCIE》。

Since 1999, SCI data in the table came from the network of SCIE instead of the light disk.

8-4 科技论文的发表及被引用情况(2007年)

S&T Publications and Citations: 2007

	被国际上收录（篇） Catalogued by major international indexes (article)		SCI论文被引用 Cited internationally		国内刊物发表（篇） Publications in domestic journals (article)
		SCIE论文 Catalogued by SCIE (article)	篇 (article)	次 (time)	
总计 Total	**24045**	**12423**	**19853**	**62007**	**13872**
一、按学科分 By discipline					
数学 Mathematics	353	226	483	1670	121
信息科学与系统科学 Information science & systems science	154	29	266	942	108
力学 Mechanics	71	42			59
物理学 Physics	3912	2350	4063	11662	992
化学 Chemistry	4664	3883	7302	26527	887
天文学 Astronomy	465	354	555	1693	180
地球科学 Earth sciences	1782	1052	1000	2694	1739
生物学 Biologcal sciences	2060	1312	2114	6083	1331
预防医学 Preventive medicine	11	11	17	53	37
基础医学 Basic medical science	220	168	382	1230	146
药学 Pharmacy	113	91	207	567	91
临床医学 Clinical medicine	64	62	77	230	80
中医学 Chinese herbal medicine	1	1	36	109	93
军事医学与特种医学 Military medicine & Special medicine	1	1	12	28	7

续表 8-4

	被国际上收录(篇) Catalogued by major international indexes (article)		SCI 论文被引用 Cited internationally		国内刊物发表(篇) Publications in domestic journals (article)
		SCIE 论文 Catalogued by SCIE (article)	篇 (article)	次 (time)	
农学 Agronomy	138	116	296	667	793
林学 Forestry	31	31	31	89	128
畜牧兽医 Animal husbandry & veterinary medicine	2	2	6	19	56
水产 Fishery	109	104	93	198	58
测绘技术 Mapping technology	44				122
材料科学 Material sciences	2163	1082	1412	3721	322
工程与技术基础学科 Basic engineering and technology	46	5	87	220	55
矿业 Mining	237	4	8	19	27
能源科学技术 Energy science & technology	388	48	56	148	197
冶金、金属 Metallurgy & metal	665	88	55	117	128
机械工程 Mechanical engineering	410	127	76	170	218
动力与电气 Dynamics & electrical engineering	826	5	136	323	127
核科学技术 Nuclear science & technology	114	31	27	66	170
电子、通讯与自动控制 Electrnics, communication & automation control technology	1721	305	61	125	1717
计算科学技术 Computer science & technology	1582	165	118	267	1676
化工 Chemical engineering	164	106	208	507	313
轻工纺织 Light industry & textile	2				37

	被国际上收录(篇) Catalogued by major international indexes (article)		SCI 论文被引用 Cited internationally		国内刊物发表(篇) Publications in domestic journals (article)
		SCIE 论文 Catalogued by SCIE (article)	篇 (article)	次 (time)	
食品 Food (salty)	12	12	9	19	9
土木建筑 Civil engineering	311	32	47	114	184
水利 Water conservancy	121	18	2	7	51
交通运输 Transportation	43				44
航空航天 Space and astronautics	107	6	6	9	156
安全科学技术 Safty science technology	36	12	3	4	10
环境科学技术 Environmental science & technology	859	525	595	1696	840
管理学 Mangement	37	12	6	11	134
其他 Others	6	5	1	3	429
二、按单位分 By unit					
(一)院直属事业单位 Institution					
中国科学院本部 CAS Headquarters	1				11
北京分院(筹) Beijing Branch	9321	4686	7350	23262	4931
沈阳分院 Shenyang Branch	2163	1084	1565	5121	929
长春分院 Changchun Branch	1446	740	1182	4313	737
上海分院 Shanghai Branch	3502	1925	3851	11955	1005
南京分院 Nanjing Branch	369	251	317	848	492

续表 8-4

	被国际上收录(篇) Catalogued by major international indexes (article)	SCIE 论文 Catalogued by SCIE (article)	SCI 论文被引用 Cited internationally 篇 (article)	次 (time)	国内刊物发表(篇) Publications in domestic journals (article)
合肥物质科学研究院 Hefei Institutes of Physical Sciences	778	348	475	1445	334
武汉分院 Wuhan Branch	583	302	395	1042	432
广州分院 Guangzhou Branch	590	346	393	1237	764
成都分院 Chengdu Branch	213	96	81	184	354
昆明分院 Kunming Branch	332	267	448	1211	358
西安分院 Xi'an Branch	123	55	83	197	204
兰州分院 Lanzhou Branch	791	449	648	1811	681
新疆分院 Xinjiang Branch	72	41	16	26	191
(二)学校及公共支撑机构 Universitites and Public Supporting Institute	3453	1652	2834	8549	2153
(三)院属单位投资企业 CAS Institution Invested Enterprises	204	112	172	690	130

注：1.《科学引文索引》(SCIE)中有 69 篇，《工程索引》(EI)中有 19 篇，《科学技术会议录索引》(ISTP)中有 16 篇，《中国科技论文与引文数据库》(CSTPCD)中有 166 篇，SCI 被引论文有 43 篇，对作者单位只检索到"中国科学院"，故此表各所未含该部分论文数。

Note: 69 papers were included in SCIE, 19 papers were included in EI, 16 papers were published in journals both at home and abroad, 166 papers were included in CSTPCD, and 43 papers were catalogued by SCI.Authors' institutions are searched only under the category of CAS. So,this table does not include these numbers of paper.

2. 论文的学科分类是以论文所属学科，按国家标准《学科分类与代码》(GB/T13745—1992)进行的分类统计。

Papers are classified by disciplins. The statistics are based on the discipline classification of the state standards (GB/T13745—1992).

8-5 科技论文在国内重要期刊上发表及被引用情况

S&T Papers Published and Cited by Major Domestic Journals

年 份 Year	国内期刊发表数 (篇) Papers published in domestic journals (article)	其中： NSFC 基金论文数(篇) NSFC papers (article)	在国内被引用 Cited domestically	
			篇 (article)	次 (time)
1990	4738	1215		
1991	4780	1342		
1992	5025	1570		
1993	4826	1611		
1994	4931	1783	2164	2968
1995	5092	1848	2309	3141
1996	6592	2331	2989	3911
1997	7261	2680	3455	4701
1998	7291	4016	3998	5316
1999	8301	3353	5466	8028
2000	9356	3585	6752	10188
2001	9688	4350	7034	11047
2002	9773	4570	8546	13716
2003	10588	4770	9414	15678
2004	11112	5047	11378	19928
2005	11670	5728	12606	22567
2006	11336	5561	13809	25060
2007	11195	5654	13698	25696

资料来源：中国科学引文数据库(核心库)。

Source: Chinese Science Citation Database (Core Database).

注：中国科学引文数据库的数据来源于国内较重要的 669 种(1989~1995 年为 315 种)中英文期刊。NSFC 基金论文数是指受国家自然科学基金资助的论文数。在国内被引用情况是指中国科学引文数据库前 5 年收录的论文在第六年被引用的统计，例如，2007 年国内被引情况是指 2002~2006 年被收录的论文在 2007 年被引用的情况，2006 年国内被引情况是指 2001~2005 年被收录的论文在 2006 年被引用的情况。其他年份依次类推。

Note: Data in Chinese Science Citation Database are from 669 major domestic S&T journals in Chinese and English (315 major domestic S&T journals in 1989~1995). Data of NSFC papers refer to the number of papers which are published on the basis of research projects supported by the National Natural Science Foundation of China. Domestic citation refers to the citation of papers quoted by Chinese Science Citation Database over the previous five years. For instance, the citation in 2007 of papers quoted in 2002~2006, the citation in 2006 of papers quoted in 2001~2005. The papers citation for the rest of the years is on this analogy .

8-6 科技论文在国内重要期刊上被引次数最多的前30名机构(2007年)

Top 30 Institutions in Citation of S&T Papers by Major Domestic Journals: 2007

机构名称 Institution	在国内被引用 Cited domestically	
	篇 (article)	次 (time)
寒区旱区环境与工程研究所 Cold and Arid Regions Environmental and Engineering Research Inst.	792	1994
地理科学与资源研究所 Inst. of Geographic Sciences and Natural Resources Research	854	1900
中国科学技术大学 University of Science and Technology of China	947	1485
地质与地球物理研究所 Inst. of Geology and Geophysics	574	1389
沈阳应用生态研究所 Shenyang Inst. of Applied Ecology	522	1053
南京土壤研究所 Nanjing Inst. of Soil Science	474	998
大气物理研究所 Inst. of Atmospheric Physics	450	961
生态环境研究中心 Research Center of Eco-Environmental Sciences	441	939
广州地球化学研究所 Guangzhou Inst. of Geochemistry	387	825
植物研究所 Inst. of Botany	323	681
东北地理与农业生态研究所 Northeast Inst. of Geography and Agriculture Ecology	340	644
南京地理与湖泊研究所 Nanjing Inst. of Geography and Limnology	255	590
新疆生态与地理研究所 Xinjiang Inst. of Ecology and Geography	263	586
水土保持研究所 Inst. of Soil and Water Conservation	210	465
海洋研究所 Inst. of Oceanology	257	435

续表 8-6

机构名称 Institution	在国内被引用 Cited domestically	
	篇 (article)	次 (time)
华南植物研究所 South China Inst. of Botany	224	420
地球化学研究所 Inst. of Geochemistry	220	409
上海光学精密机械研究所 Shanghai Inst. of Optics and Fine Mechanics	275	405
动物研究所 Inst. of Zoology	229	390
水生生物研究所 Inst. of Hydrobiology	205	361
计算技术研究所 Inst. of Computing Technology	173	335
长春光学精密机械与物理研究所 Changchun Inst. of Optics, Fine Mechanics and Physics	191	329
大连化学物理研究所 Dalian Inst. of Chemical Physics	194	290
合肥物质科学研究院 Hefei Institues of Physical Science	175	277
金属研究所 Inst. of Metals Research	184	269
西北高原生物研究所 Northwest Inst. of Plateau Biology	134	269
武汉岩土力学研究所 Wuhan Inst. of Rock and Soil Mechanics	161	255
兰州化学物理研究所 Lanzhou Inst. of Chemical Physics	168	254
软件研究所 Inst. of Software	135	244
南海海洋研究所 South China Sea Inst. of Oceanology	139	237

资料来源：中国科学引文数据库(核心库)。

Source: Chinese Science Citation Database(Core Database).

注：国内被引情况是指 2002~2006 年被中国科学引文数据库收录的论文在 2007 年被引用的情况。

Note: Domestic citation refers to citation in 2007 of papers quoted by Chinese Science Citation Database in 2002~2006.

8-7 获国家自然科学奖情况

S&T Achievements Granted with National Natural Science Awards

年 份 Year	项 目 Item	获奖总项数 Total	一等奖 1st class	二等奖 2nd class	三等奖 3rd class	四等奖 4th class
1956 (第一届)	全国授奖项数 National total	34	3	5	26	
	中国科学院获奖数 Awards won by CAS	23	3	2	18	
1982 (第二届)	全国授奖项数 National total	125	9	40	49	27
	中国科学院获奖数 Awards won by CAS	47	2	23	17	5
1987 (第三届)	全国授奖项数 National total	178	11	39	87	41
	中国科学院获奖数 Awards won by CAS	72	7	17	33	15
1989 (第四届)	全国授奖项数 National total	59	2	19	23	15
	中国科学院获奖数 Awards won by CAS	32	2	11	14	5
1991 (第五届)	全国授奖项数 National total	53		10	31	12
	中国科学院获奖数 Awards won by CAS	16		5	11	
1993 (第六届)	全国授奖项数 National total	52	1	18	21	12
	中国科学院获奖数 Awards won by CAS	20	1	11	6	2
1995 (第七届)	全国授奖项数 National total	57		15	27	15
	中国科学院获奖数 Awards won by CAS	25		10	11	4
1997 (第八届)	全国授奖项数 National total	51	1	8	30	12
	中国科学院获奖数 Awards won by CAS	20	1	5	12	2
1999 (第九届)	全国授奖项数 National total	57		10	31	16
	中国科学院获奖数 Awards won by CAS	21		7	11	3

续表 8-7

年份 Year	项目 Item	获奖总项数 Total	一等奖 1st class	二等奖 2nd class	三等奖 3rd class	四等奖 4th class
2000 (第十届)	全国授奖项数 National total	15		15		
	中国科学院获奖数 Awards won by CAS	6		6		
2001 (第十一届)	全国授奖项数 National total	18		18		
	中国科学院获奖数 Awards won by CAS	8		8		
2002 (第十二届)	全国授奖项数 National total	24	1	23		
	中国科学院获奖数 Awards won by CAS	12	1	11		
2003 (第十三届)	全国授奖项数 National total	19	1	18		
	中国科学院获奖数 Awards won by CAS	6	1	5		
2004 (第十四届)	全国授奖项数 National total	28		28		
	中国科学院获奖数 Awards won by CAS	10		10		
2005 (第十五届)	全国授奖项数 National total	38		38		
	中国科学院获奖数 Awards won by CAS	17		17		
2006 (第十六届)	全国授奖项数 National total	29	2	27		
	中国科学院获奖数 Awards won by CAS	12		12		
2007 (第十七届)	全国授奖项数 National total	39		39		
	中国科学院获奖数 Awards won by CAS	13		13		
2008 (第十八届)	全国授奖项数 National total	34		34		
	中国科学院获奖数 Awards won by CAS	17		17		

注：表中院获奖数是院直属单位为第一完成单位的获奖数。自 2000 年始国家自然科学奖只设一、二等奖，2003 年增设特等奖。

Note: In the table, the number of awards won by CAS indicates the number of awards won by the CAS institution who is the first unit for the achievement. Since 2000, National Natural Science Awards only has had 1st and 2nd class Awards. Since 2003, Special Class Award of Natural Science Awards has been added.

8-8 获国家技术发明奖情况

S&T Achievements Granted with National Technology Invention Awards

年份 Year	项目 Item	获奖总项数 Total	一等奖 1st class	二等奖 2nd class	三等奖 3rd class	四等奖 4th class
1979	全国授奖项数 National total	43	1	12	24	6
	中国科学院获奖数 Awards won by CAS	12	1	3	7	1
1980	全国授奖项数 National total	109		13	75	21
	中国科学院获奖数 Awards won by CAS	22		4	17	1
1981	全国授奖项数 National total	123	3	10	56	54
	中国科学院获奖数 Awards won by CAS	6			3	3
1982	全国授奖项数 National total	153	4	17	68	64
	中国科学院获奖数 Awards won by CAS	9			4	5
1983	全国授奖项数 National total	212	5	18	108	81
	中国科学院获奖数 Awards won by CAS	11		2	8	1
1984	全国授奖项数 National total	264	7	25	125	107
	中国科学院获奖数 Awards won by CAS	15	1	3	8	3
1985	全国授奖项数 National total	185	6	18	92	69
	中国科学院获奖数 Awards won by CAS	6			4	2
1986	全国授奖项数 National total	30		3	12	15
	中国科学院获奖数 Awards won by CAS					
1987	全国授奖项数 National total	225	1	24	96	104
	中国科学院获奖数 Awards won by CAS	12		1	9	2

续表 8-8

年份 Year	项目 Item	获奖总项数 Total	一等奖 1st class	二等奖 2nd class	三等奖 3rd class	四等奖 4th class
1988	全国授奖项数 National total	217	4	20	97	96
	中国科学院获奖数 Awards won by CAS	12	1	2	6	3
1989	全国授奖项数 National total	150		14	67	69
	中国科学院获奖数 Awards won by CAS	4			3	1
1990	全国授奖项数 National total	224	3	15	113	93
	中国科学院获奖数 Awards won by CAS	5			4	1
1991	全国授奖项数 National total	209	1	12	92	104
	中国科学院获奖数 Awards won by CAS	7	1	1	4	1
1992	全国授奖项数 National total	170		10	68	92
	中国科学院获奖数 Awards won by CAS	5		1	1	3
1993	全国授奖项数 National total	175		16	74	85
	中国科学院获奖数 Awards won by CAS	5		2	3	
1995	全国授奖项数 National total	131	1	12	59	59
	中国科学院获奖数 Awards won by CAS	4		1	3	
1996	全国授奖项数 National total	111	1	8	56	46
	中国科学院获奖数 Awards won by CAS	9		1	6	2
1997	全国授奖项数 National total	100	1	13	46	40
	中国科学院获奖数 Awards won by CAS					
1998	全国授奖项数 National total	72		10	30	32
	中国科学院获奖数 Awards won by CAS	4		1	1	2

续表 8-8

年份 Year	项目 Item	获奖总项数 Total	一等奖 1st class	二等奖 2nd class	三等奖 3rd class	四等奖 4th class
1999	全国授奖项数 National total	69		13	38	18
	中国科学院获奖数 Awards won by CAS	7		2	4	1
2000	全国授奖项数 National total	23		23		
	中国科学院获奖数 Awards won by CAS	2		2		
2001	全国授奖项数 National total	14		14		
	中国科学院获奖数 Awards won by CAS	1		1		
2002	全国授奖项数 National total	21		21		
	中国科学院获奖数 Awards won by CAS	1		1		
2003	全国授奖项数 National total	19		19		
	中国科学院获奖数 Awards won by CAS	1		1		
2004	全国授奖项数 National total	28	2	26		
	中国科学院获奖数 Awards won by CAS	1		1		
2005	全国授奖项数 National total	40	1	39		
	中国科学院获奖数 Awards won by CAS	8		8		
2006	全国授奖项数 National total	56	1	55		
	中国科学院获奖数 Awards won by CAS	5		5		
2007	全国授奖项数 National total	51	1	50		
	中国科学院获奖数 Awards won by CAS	3		3		
2008	全国授奖项数 National total	55	3	52		
	中国科学院获奖数 Awards won by CAS	3		3		

注: 1. 1994 年国家技术发明奖停评一年。

Note: The evaluation of achievements for National Technology Invention Awards was suspended in 1994 for a year.

2. 表中院获奖数是院直属单位为第一完成单位的获奖数。自 2000 年始国家技术发明奖只设一、二等奖，2003 年增设特等奖。

In the table,the number of awards won by CAS indicates the number of awards won by the CAS institution who is the first unit for the achievement. Since 2000, National Technology Invention Awards only has had 1st and 2nd class Awards. Since 2003, the Special Class Award of National Technology Invention Awards has been established.

8-9 获国家科技进步奖情况

S&T Achievements Granted with National S&T Progress Awards

年 份 Year	项 目 Item	获奖总项数 Total	特等奖 Special class	一等奖 1st class	二等奖 2nd class	三等奖 3rd class
1985	全国授奖项数 National total	1761	23	135	535	1068
	中国科学院获奖数 Awards won by CAS	73	2	8	28	35
1987	全国授奖项数 National total	807	4	50	237	516
	中国科学院获奖数 Awards won by CAS	36		1	13	22
1988	全国授奖项数 National total	515	3	34	151	327
	中国科学院获奖数 Awards won by CAS	29		4	11	14
1989	全国授奖项数 National total	504	3	36	152	313
	中国科学院获奖数 Awards won by CAS	26		1	9	16
1990	全国授奖项数 National total	505	3	32	142	328
	中国科学院获奖数 Awards won by CAS	17	1	3	5	8
1991	全国授奖项数 National total	502	1	32	140	329
	中国科学院获奖数 Awards won by CAS	28		1	11	16
1992	全国授奖项数 National total	649	3	38	195	413
	中国科学院获奖数 Awards won by CAS	40		4	14	22
1993	全国授奖项数 National total	441	2	27	122	290
	中国科学院获奖数 Awards won by CAS	22		3	10	9
1995	全国授奖项数 National total	607	2	25	182	398
	中国科学院获奖数 Awards won by CAS	44		2	13	29
1996	全国授奖项数 National total	536	4	20	169	343
	中国科学院获奖数 Awards won by CAS	31			8	23
1997	全国授奖项数 National total	475	3	19	150	303
	中国科学院获奖数 Awards won by CAS	21		1	10	10

续表 8-9

年份 Year	项目 Item	获奖总项数 Total	特等奖 Special class	一等奖 1st class	二等奖 2nd class	三等奖 3rd class
1998	全国授奖项数 National total	471	3	22	133	313
	中国科学院获奖数 Awards won by CAS	24		2	6	16
1999	全国授奖项数 National total	476	2	17	143	314
	中国科学院获奖数 Awards won by CAS	20			6	14
2000	全国授奖项数 National total	250		22	228	
	中国科学院获奖数 Awards won by CAS	9			9	
2001	全国授奖项数 National total	191		17	174	
	中国科学院获奖数 Awards won by CAS	7		1	6	
2002	全国授奖项数 National total	218		18	200	
	中国科学院获奖数 Awards won by CAS	14			14	
2003	全国授奖项数 National total	216	1	16	199	
	中国科学院获奖数 Awards won by CAS	9			9	
2004	全国授奖项数 National total	244		16	228	
	中国科学院获奖数 Awards won by CAS	14		1	13	
2005	全国授奖项数 National total	236		18	218	
	中国科学院获奖数 Awards won by CAS	18			18	
2006	全国授奖项数 National total	241	1	20	220	
	中国科学院获奖数 Awards won by CAS	13		2	11	
2007	全国授奖项数 National total	254		19	235	
	中国科学院获奖数 Awards won by CAS	14			14	
2008	全国授奖项数 National total	254	3	26	225	
	中国科学院获奖数 Awards won by CAS	14		1	13	

注: 1. 国家科技进步奖 1986 年、1994 年停评。

Note: The evaluation of achievements for National S&T Progress Awards was suspended in 1986 and 1994 respectively.

2. 表中院获奖数是院直属单位为第一完成单位的获奖数。自 2000 年始国家科技进步奖设一、二等奖。

In the table, the number of awards won by CAS indicates the number of awards won by the CAS institution who is the first unit for the achievement. Since 2000, National S&T Progress Awards has had only 1st and 2nd class Awards.

8-10 获国家科学技术奖情况(2008 年)
S&T Achievements Granted with National S&T Awards: 2008

	合 计 Total	一等奖 1st class	二等奖 2nd class
总 计 **Total**	**34**	**1**	**33**
一、国家最高科学技术奖(人) State Supreme S&T Award(person)			
二、国家自然科学奖(项) National Natural Science Award(item)	17		17
数学与系统科学研究院 Academy of Mathematics and Systems Science	3		3
力学研究所 Inst. of Mechanics	1		1
国家天文台 National Astronomical Observatories of China	1		1
理论物理研究所 Inst. of Theoretical Physics	1		1
物理研究所 Inst. of Physics	1		1
大连化学物理研究所 Dalian Inst. of Chemical Physics	1		1
地球环境研究所 Inst. of Earth Environment	1		1
南京地质古生物研究所 Nanjing Inst. of Geology and Palaeontology	1		1
南京土壤研究所 Nanjing Inst. of Soil Science	1		1
寒区旱区环境与工程研究所 Cold and Arid Regions Environmental and Engineering Research Inst.	1		1
上海生命科学研究院 Shanghai Institutes for Biological Sciences	1		1
沈阳应用生态研究所 Shenyang Inst. of Applied Ecology	1		1
生物物理研究所 Inst. of Biophysics	1		1
华南植物园 South China Botanical Garden	1		1
中国科学技术大学 University of Science and Technology of China	1		1
三、国家技术发明奖(项) National Technology Invention Award(item)	3		3
大连化学物理研究所 Dalian Inst. of Chemical Physics	1		1

续表 8-10

	合 计 Total	一等奖 1st class	二等奖 2nd class
光电技术研究所 Inst. of Optics and Electronics	1		1
长春光学精密机械与物理研究所 Changchun Inst. of Optics, Fine Mechanics and Physics	1		1
四、国家科技进步奖(项) National S&T Progress Award(item)	14	1	13
合肥物质科学研究院 Hefei Institutes of Physical Sciences	1	1	
沈阳应用生态研究所 Shenyang Inst. of Applied Ecology	1		1
亚热带农业生态研究所 Inst. of Subtropical Agriculture	1		1
海洋研究所 Inst. of Oceanology	1		1
大连化学物理研究所 Dalian Inst. of Chemical Physics	1		1
近代物理研究所 Inst. of Modern Physics	1		1
合肥物质科学研究院 Hefei Institutes of Physical Sciences	1		1
广州能源研究所 Guangzhou Inst. of Energy Conversion	1		1
新疆生态与地理研究所 Xinjiang Inst. of Ecology and Geography	1		1
水土保持与生态环境研究中心 Research Center of Soil of Water Conservation and Eco-Environmental Science	1		1
沈阳应用生态研究所 Shenyang Inst. of Applied Ecology	1		1
电子学研究所 Inst. of Electronics	1		1
长春光学精密机械与物理研究所 Changchun Inst. of Optics, Fine Mechanics and Physics	1		1
光电技术研究所 Inst. of Optics and Electronics	1		1

注: 1. 国家最高科学技术奖每年只奖励 2 人。

Note: State Supreme S&T Award is only given to 2 persons every year.

2. 总计中不包括国家最高科学技术奖。

The total number excludes the State Supreme S&T Award.

3. 表中院获奖数是院直属单位为第一完成单位的获奖数。

In the table, the number of awards won by CAS indicates the number of awards won by the CAS institution who is the first unit for the achievement.

九、院、所投资企业开发经营活动

BUSINESS ACTIVITIES OF CAS AND ITS INSTITUTION INVESTED ENTERPRISES

9-1 院、所投资企业总体情况

Statistical Indices of CAS and Its Institution Invested Enterprises

单位: 万元 (ten thousand yuan)

项 目 Items	2003 年	2004 年	2005 年	2006 年	2007 年	2008 年
资产总额 Total assets	4141505	4944484	9180876	10176973	11526907	11789703
流动资产 Current assets	2969362	3485996	5991706	6661299	7948616	8010756
负债总额 Total liabilities	2116058	2671741	6725501	7131271	7970395	8049342
少数股东权益 Minority interests	480652	486884	809412	767728	1118164	919473
所有者权益 Total owners' equity	1544795	1785859	2131230	2282877	2438210	2766393
营业收入 Operating income	5337163	5675970	12303978	15699028	17596445	17280195
营业成本 Cost of sales	4546787	4706021	10506167	13465011	14919015	14867146
费用总额 Total fees	598599	654802	1544720	2121465	2131310	2131139
利润总额 Total profit	203162	259406	313327	194633	673758	449017
上缴税金总额 Total tax paid	158833	160696	228822	257903	345459	344293
利税总额 Total profit and tax	339937	393752	478913	391970	753750	634211
创汇额(万美元) Foreign exchange income (ten thousand US dollars)	50767	34334	181585	71902	502077	520738
R&D 投入 R&D investment	163207	153805	198740	336830	338667	205666
成果获奖数(项) Achievements (item)	113	229	167	147	141	110
产品项目数(项) Number of products (item)	666	733	782	755	526	615

续表 9-1

项　目 Items	2003 年	2004 年	2005 年	2006 年	2007 年	2008 年
上缴院所利润 Profit turned over to CAS and institutes	31615	16335	23135	23818	24691	11702
上缴院所费用 Fees turned over to CAS and institutes	7976	5636	4625	4931	3565	3782
在职职工总数(人) Total number of staff at work	60871	58185	67198	73371	71283	71872
统计企业数(个) Number of enterprises	394	432	450	459	492	521

注: 1. 各项统计指标是按照企业法人为单位进行统计的。

Note: The statistical indices here are calculated by taking enterprises corporate as the legal bodies.

2. 在职职工总数：2003 年前数据为职工总数，含离退休人员。

The number of staff at work: the total number of staff at work before 2003 included the number of retired personnel.

9-2　院、所投资企业按在职职工总数分组(2008 年)

CAS and Its Institution Invested Enterprises, by Number of Staff: 2008

	合 计 Total	1~10 人 1~10 persons	11~50 人 11~50 persons	51~100 人 51~100 persons	101~200 人 101~200 persons	201~300 人 201~300 persons	>300 人 >300 persons
企业数(个) Number of enterprises	521	117	202	82	74	16	30
(%)	100	22.46	38.77	15.74	14.2	3.07	5.76
人　数 Number of people	71872	634	5286	5840	11009	4011	45092
(%)	100	0.88	7.35	8.13	15.32	5.58	62.74

注: 未提供人数的企业划在 1~10 人范围内。

Note: The number of people of the enterprises which do not provide data is assumed as less than 10.

9-3 院、所投资企业按营业收入分组(2008 年)
CAS and Its Institution Invested Enterprises, by Operating Income: 2008

单位：万元 (ten thousand yuan)

	合 计 Total	0~<100	100~<500	500~<1000	1000~<5000	5000~<10000	>10000
企业数(个) Number of enterprises	417	88	121	50	82	34	42
(%)	100	21.11	29.02	11.99	19.66	8.15	10.07
营业收入 Operating income	17280195	2922	29597	36244	181411	225489	16804532
(%)	100	0.02	0.17	0.21	1.05	1.30	97.25

注：表 9-3，表 9-4，表 9-7 中企业数(个)是以集团合并报表进行统计得出的结果。

Note: The number of enterprises in Table 9-3, Table 9-4 and Table 9-7 are calculated by taking the number of CAS invested group corporations statistical statement.

9-4 院、所投资企业按年利润总额分组(2008 年)
CAS and Its Institution Invested Enterprises, by Annual Profit: 2008

单位：万元 (ten thousand yuan)

	合 计 Total	0 以下	0~<100	100~<500	500~<1000	1000~<5000	5000~<10000	>10000
企业数(个) Number of enterprises	417	142	158	62	15	26	8	6
(%)	100	34.05	37.89	14.87	3.60	6.24	1.92	1.44
利润总额 Total profit	449017	–39071	3127	14007	10267	52178	54930	353579
(%)	100	–8.70	0.70	3.12	2.29	11.61	12.23	78.75

9-5 营业收入排序前30名的院、所投资企业(2008年)
Top 30 CAS and Its Institution Invested Enterprises in Business Income: 2008

单位: 万元 (ten thousand yuan)

序号 No.	企业名称 Name of enterprises	营业收入 Operating income
1	联想控股有限公司(合并) Legend Holdings Ltd.	15115864
2	北京三环新材料高技术公司(合并) Beijing Sanhuan New Materials High-Tech Inc.	208102
3	成都地奥制药集团有限公司(合并) Chengdu Di'ao Pharmaceutical Corporation, CAS	137214
4	中国大恒(集团)有限公司(合并) China Daheng Group	129535
5	中科英华高技术股份有限公司 Zhongke Yinghua High-tech Co., Ltd.	89666
6	上海思富医药有限公司 Shanghai Siful Medicine Co., Ltd.	78007
7	中科软科技股份有限公司 Sinosoft Co., Ltd.	74819
8	天津曙光计算机产业有限公司 Tianjin Dawning Information Industrialigation Co. Ltd.	57379
9	青岛金王应用化学股份有限公司 QingDao Kingking Applied Chemistry Co.,Ltd.	54160
10	北京中关村科学城建设股份有限公司 Beijing Zhongguancun Science City Construction Holding Co.,Ltd.	48233
11	上海杰事杰新材料股份有限公司 Shanghai GENIUS Advanced Material Co., Ltd.	47501
12	东方科学仪器上海进出口有限公司 Oriental Scientific Instrument Shanghai I/ E Corporation	47312
13	东方科学仪器进出口集团公司(本部) Oriental Scientific Instrument Import & Export Group Corporation	46575
14	浙江花园生物高科股份有限公司 Zhejiang Garden Biochemical High-tech Co., Ltd.	43405
15	上海中科股份有限公司 ShangHai China Sciences Co.,Ltd.	41726
16	科学出版社有限责任公司(本部) Science Press Co., Ltd.	40769

续表 9-5

序号 No.	企业名称 Name of enterprises	营业收入 Operating income
17	云南绿大地生物科技股份有限公司 Yunnan Green-Land Biological Technology Co., Ltd.	34194
18	浙江京新药业股份有限公司 Zhejiang Jingxin Pharmaceutical Co. Ltd.	33154
19	深圳市金科特种材料有限公司 Shenzhen Jinke Special Materials Co., Ltd.	30420
20	中科铜都粉体新材料股份有限公司 Zhongke Tongdu Powder New-material Incorporated Company	30396
21	甘肃海林中科科技股份有限公司 Gansu Hailing CAS S&T Holding Co., Ltd.	28606
22	北京中科进出口有限责任公司 Beijing Zhongke I/E Ltd.	27251
23	上海尼赛拉传感器有限公司 Shanghai Nicera Sensor Co., Ltd.	26599
24	安徽中科大讯飞信息科技有限公司 Anhui FLYTEK Co., Ltd.	25755
25	北京中科资源有限公司（合并） Beijing Zhongke Resource Co.,Ltd.	23698
26	北京东方中科集成科技有限公司 Beijing Oriental Jicheng Co.,Ltd	23116
27	汉王科技股份有限公司 Beijing Hanwang Technology Co., Ltd.	22843
28	北京中科希望软件股份有限公司 Beijing Zhongke Hope Software Co., Ltd.	21518
29	大连凯飞化学股份有限公司 Dalian Chemphy Chemical Co. Ltd.	20307
30	北京中科科仪技术发展有限责任公司 KYKY Technology Development Ltd.	19122

注：“合并”指合并会计报表，又称合并财务报表，即以母公司和子公司组成的企业集团为一会计主体，以母公司和子公司单独编制的个别会计报表为基础，由母公司编制的综合反映由母公司与子公司组成的企业集团经营成果、财务状况及其变动情况的会计报表。

Note: “Merged” refers to the merged statement of accounting or merged financial statement. It means the combined accounting statement of a group company consisting of parent company and subordinate companies, on the basis of the independent accounting statement of both the parent company and the subordinate companies. The merged accounting statement made by parent company indicates group company operating results, financial status and its changes of both the parent company and subordinate companies.

9-6 利润总额排序前30名的院、所投资企业(2008年)
Top 30 CAS and Its Institution Invested Enterprises in Total Profit: 2008

单位: 万元 (ten thousand yuan)

序号 No.	企业名称 Name of enterprises	利润总额 Total profit
1	联想控股有限公司 Legend Holdings Ltd.	202389
2	国科控股 Chinese Academy of Sciences Holding Co., Ltd.	83697
3	成都地奥制药集团有限公司 Chengdu Di'ao Pharmaceutical Corporation, CAS	25459
4	北京三环新材料高技术公司(合并) Beijing Sanhuan New Materials R&D Incorporation	16601
5	中科英华高技术股份有限公司 Zhongke Yinghua High-tech Co., Ltd.	10964
6	科学出版社有限责任公司(本部) Science Press Co., Ltd.	8979
7	云南绿大地生物科技股份有限公司 Yunnan Green-Land Biological Technology Co., Ltd.	8751
8	安徽中科大讯飞信息科技有限公司 Anhui FLYTEK Co., Ltd.	7749
9	天津曙光计算机产业有限公司 Tianjin Dawning Information Industrialigation Co., Ltd.	7206
10	北京视宝卫星图像有限公司 Beijing Spot Image Co.,Ltd.	6643
11	浙江花园生物高科股份有限公司 Zhejiang Garden Biochemical High-tech Co., Ltd.	6457
12	福建福晶科技股份有限公司 Fujian Castech Crystals Inc.	6207
13	长春奥普光电技术股份有限公司 Changchun Aopu Opto-electronic Technology Co., Ltd.	4298
14	中科软科技股份有限公司 Sinosoft Co., Ltd.	4219

续表 9-6

序号 No.	企业名称 Name of enterprises	利润总额 Total profit
15	中国大恒(集团)有限公司(合并) China Daheng Group	3813
16	上海尼赛拉传感器有限公司 Shanghai Nicera Sensor Co., Ltd.	3580
17	中科实业集团(控股)有限公司（本部） China Sciences Holdings Co., Ltd.	3494
18	汉王科技股份有限公司 Hanwang Technology Holding Co., Ltd.	3210
19	南京中科集团股份有限公司 Nanjing Zhongke Co., Ltd	2995
20	长春新产业光电技术有限公司 Changchun New Industry Opto-electronic Technology Co., Ltd.	2839
21	北京中科科仪技术发展有限责任公司 KYKY Technology Development Ltd.	2565
22	中生北控生物科技股份有限公司 Biosino Biotechnology Co., Ltd.	2418
23	浙江京新药业股份有限公司 Zhejiang Jingxin Pharmaceutical Co., Ltd.	2418
24	上海思富医药有限公司 Shanghai Situl Medicine Co., Ltd.	2253
25	深圳市金科特种材料有限公司 Shenzhen Jinke Special Materials Co., Ltd.	2166
26	北京东方中科集成科技有限公司 Beijing Oriental Jicheng Co., Ltd	2082
27	青岛金王应用化学股份有限公司 QingDao Kingking Applied Chemistry Co., Ltd.	1966
28	东方科学仪器上海进出口有限公司 Oriental Scientific Instrument Shanghai I/E Corporation	1515
29	中科院成都信息技术有限公司 CAS Chengdu Information Technology Ltd.	1510
30	上海德福光电技术有限公司 (本部) Shanghai Defu Opto-electronic Technology Co., Ltd.	1484

9-7 院、所投资企业经营情况按行业分类(2008年)
Statistics of Business Operation of CAS and Its Institution Invested Enterprises, by Sector: 2008

行 业 Industry	企业数（个） Number of enterprises	营业收入（万元） Operating income (ten thousand yuan)	利润总额（万元） Annual profit (ten thousand yuan)
合 计 Total	**417**	**17280195**	**449017**
采矿业 Mining	1	10532	135
房地产业 Real estate	3	594	–74
公共管理和社会组织 Public management and social organization	1	598	5
建筑业 Construction	10	31426	724
教育 Education	1	0	–134
居民服务和其他服务业 Residential service and other services	54	56025	88191
科学研究、技术服务和地质勘查业 Science research, technical services and geological exploration	65	103132	11839
农、林、牧、渔业 Agriculture, forestry, animal husbandry and fishery	12	48606	8904
批发和零售业 Whole sale and retail	13	442392	22514
水利、环境和公共设施管理业 Water conservancy, environment and public facility management	3	7124	812
金融业 Finance	1	0	–21
文化、体育和娱乐业 Culture, sports and recreation industry	10	97321	11365
信息传输、计算机服务和软件业 Information, communication, computer services and software	54	210327	21638
制造业 Manufacturing	170	16112200	280803
住宿和餐饮业 Lodging and food service	11	7053	107
租赁和商务服务业 Leasing industry and business services	7	152713	2213
交通运输、仓储和邮政业 Transportation, warehousing and post	1	153	–4

9-8 院、所投资企业高新技术产品分类(2008 年)
High-technology Products of CAS and Its Institution Invested Enterprises: 2008

产品分类 Category	产品项目数(项) Number of products (item)	销售收入(万元) Sales income (ten thousand yuan)	出口额(万美元) Export value (ten thousand US dollars)
合 计 Total	**315**	**656835**	**28657**
电子与信息 Electronics and information technology	64	183347	4218
软件 Software	42	42754	388
生物、医药和医疗器械 Biology, medicine and medical equipment	29	105325	199
新材料 New materials	86	192366	22774
光机电一体化 Photoelectromechanics	64	96762	1079
新能源、高效节能 New energy and energy-saving technology	18	22638	
环境保护 Environment protection	6	7126	
地球、空间及海洋工程 Earth, space and ocean			
农业 Agriculture	3	1043	
航空航天 Aeronautics and space technology	3	5474	

主要统计指标解释

1. 院、所投资企业

中国科学院及其所属各单位投资的全资、控股和参股企业。

2. 在职职工总数

在职职工总数包括固定合同制职工、聘用人员和临时工。

3. 少数股东权益

指集团公司的子公司所有者权益中不属于母公司的份额，在合并会计报表中用“少数股东权益”表示。

4. 所有者权益

所有者权益为资产总额扣除负债总额和少数股东权益后的余额。

5. 上缴税金总额

上缴税金总额包括增值税、营业税金及附加、所得税及其他税金的总和。

6. 营业收入

营业收入是指企业在生产经营活动中，由销售产品和商品、进行技术服务、提供劳务等取得的收入。

7. 利润总额

利润总额包括营业利润、投资净收益及营业外收支净额，为所得税前利润。

营业利润是指营业收入扣减成本、各种费用、流转税及附加税费的数额。

投资净收益是指投资收益扣除投资损失后的数额。

营业外收支净额为营业外收入减去营业外支出后的数额。

8. 利税总额

利税总额是税后净利润与全部上缴税金之和。

Explanatory Notes on Key Indicators

1. CAS and its institution invested enterprises

This refers to the wholly owned enterprises, holding companies and share holding companies invested by CAS and its institutions.

2. Total number of staff at work

This includes permanent and contract staff, invited engaged staff and temporary staff.

3. Minority interests

This refers to the share of the total owner's equity of the subordinate company in a group company which does not belong to the parent company. It is indicated as "Minority interests" on the merged statement of the group company accounting.

4. Total owner's equity

This refers to the total value of the assets in an enterprise after deducting all debts and minority shareholders' interests.

5. Total tax

This includes value added tax, business tax, surtax, income tax and other taxes.

6. Operating income

This refers to the income obtained by the enterprises in their production and business activities such as product sales, commodity sales, technical service and labor service.

7. Total profit

This refers to profit before income tax, including operation profit, net income from investment and non-operating profit. Operating profit refers to net income after deduction of cost, various expenditure, indirect tax and surtax. Net income from investment refers to investment income after deducting investment losses, and non-operating profit refers to non-operating income after deducting non-operating expenses.

8. Total profit from interest and tax

Total profit from benefits and tax refers to the net benefits plus total tax of enterprises.

十、院地合作

CAS AND LOCALITY COOPERATION

10-1 院地合作项目社会经济效益情况

General Statistics of CAS and Locality Cooperation Projects

年 份 Year	项目数(项) Number of projects (item)	销售收入(万元) Sales income (ten thousand yuan)	利税总额(万元) Total profits and taxes (ten thousand yuan)
2001	858	1611200	351700
2002	1415	2430975	500720
2003	3002	3124331	594917
2004	2979	3589498	676499
2005	2434	4142053	759678
2006	2522	5123678	751205
2007	3415	6233741	1018048
2008	3867	9642015	1347276

注：1. 第 10 部分表中的项目数指：自 1996 年以来中国科学院院属单位通过科技成果转化到地方企业并正在实施的合作项目的数量。

Note: The project index in section 10 refers to the data of cooperative projects transferred by CAS institutions, since 1996, to the local enterprises, and being implemented in the current years.

2. 第 10 部分表中的销售收入及利税总额指：自 1996 年以来中国科学院院属单位通过科技成果转移转化在地方企业当年产生的销售收入及利税总额。

The sales income and profits & taxes in section 10 refer to the total sales income and profits taxes generated by the projects transferred by CAS institutions, since 1996, to the local enterprises.

10-2 院地合作项目按销售收入分组(2008 年)

CAS and Locality Cooperation Projects, by Sales Income: 2008

	合计 Total	3000 万元以下 Under 30 million Yuan	3000~5000 万元 30~50 million Yuan	5000~10000 万元 50~100 million Yuan	1 亿元以上 Over 100 million Yuan
项目数(项) Number of projects (item)	3867	3379	153	159	176
(%)	100	87.4	4.0	4.1	4.6
销售收入(亿元) Sales income 100 million Yuan	964.2	113.6	54.9	102.4	693.3
(%)	100	11.8	5.7	10.6	71.9

10-3 院地合作项目按分院分类(2008年)

CAS and Locality Cooperation Projects, by Regions: 2008

分院及地区 Branch and region	项目数(项) Number of projects (item)	销售收入(万元) Sales income (ten thousand yuan)	利税总额(万元) Total profits and taxes (ten thousand yuan)
总 计 **Total**	**3867**	**9642015**	**1347276**
北京分院(筹) Beijing Branch	1114	2344348	324454
沈阳分院 Shenyang Branch	705	1763299	192279
长春分院 Changchun Branch	151	956425	148067
上海分院 Shanghai Branch	336	1065295	141649
南京分院 Nanjing Branch	497	741105	110349
合肥物质科学研究院 Hefei Institutes of Physical Sciences	206	395413	78899
武汉分院 Wuhan Branch	61	148679	11510
广州分院 Guangzhou Branch	221	957214	94958
成都分院 Chengdu Branch	351	431437	93111
昆明分院 Kunming Branch	31	112281	15793
西安分院 Xi'an Branch	15	13363	515
兰州分院 Lanzhou Branch	141	684801	133983
新疆分院 Xinjiang Branch	38	28354	1708

注：为充分发挥分院在院地合作中的作用，将全国31个省、市、自治区（除港、澳、台外）按分院进行了院地合作工作区域的划分，北京分院(筹)：北京市、天津市、河北省、山西省、内蒙古自治区；沈阳分院：辽宁省、山东省；长春分院：吉林省、黑龙江省；上海分院：上海市、浙江省、福建省；南京分院：江苏省、江西省；合肥物质科学研究院：安徽省、河南省；武汉分院：湖北省、湖南省；广州分院：广东省、广西壮族自治区、海南省；成都分院：四川省、重庆市、西藏自治区；昆明分院：云南省、贵州省；西安分院：陕西省、宁夏回族自治区；兰州分院：甘肃省、青海省；新疆分院：新疆维吾尔自治区。

Note: In order to bring CAS Branches into full play in the cooperation between CAS and local governments and enterprises, CAS has put this responsibility on each of its Branches covering the nation's 31 provinces, municipalities and autonomous regions except Hong Kong, Macao, and Taiwan Regions. The main responsible areas for eath Branch are derided as followings: Beijing Area is responsible for Beijing, Tianjin, Hebei Province, Shanxi Province, Inner Mongolian Autonomous Region; Shenyang Branch for Liaoning Province, Shandong Province; Changchun Branch for Jilin Province, Heilongjiang Province; Shanghai Branch for Shanghai, Zhejiang Province, Fujian Province; Nanjing Branch for Jiangsu Province, Jiangxi Province; Hefei Institutes of physical Sciences for Anhui Province, Henan Province; Wuhan Branch for Hubei Province, Hunan Province; Guangdong Branch for Guangzhou Province, Guangxi Zhuang Autonomous Region, Hainan Province; Chengdu Branch for Sichuan Province, Chongqing, Tibet Autonomous Region; Kunming Branch for Yunnan Province, Guizhou Province; Xi'an Branch for Shaanxi Province, Ningxia Hui Autonomous Region; Lanzhou Branch for Gansu Province, Qinghai Province; Xinjiang Branch for Xinjiang Uygur Autonomous Region.

10-4 院地合作项目社会经济效益超过10亿元的单位(2008年)

Institutions with Sales Income Surpassing One Billion RMB Generated from CAS and Locality Cooperation: 2008

单位名称 Names of institutes	项目数(项) Number of projects (item)	销售收入(万元) Sales income (ten thousand yuan)	利税总额(万元) Total profits and taxes (ten thousand yuan)
长春应用化学研究所 Changchun Inst. of Applied Chemistry	99	530656	66718
沈阳自动化研究所 Shenyang Inst. of Automation	131	474023	61105
大连化学物理研究所 Dalian Inst. of Chemical Physics	175	409231	46766
化学研究所 Institute of Chemistry	104	391566	76158
南海海洋研究所 South China Sea Inst. of Oceanology	51	366804	43663
兰州化学物理研究所 Lanzhou Inst. of Chemical Physics	60	341942	63095
工程热物理研究所 Inst. of Engineering Thermophysics	35	334510	30102
广州能源研究所 Guangzhou Inst. of Energy Conversion	39	333543	24693
过程工程研究所 Inst. of Process Engineering	131	332132	82067
东北地理与农业生态研究所 Northeast Inst. of Geography and Agricultural Ecology	13	312892	60504
力学研究所 Inst. of Mechanics	79	303695	21578
合肥物质科学研究院 Hefei Institutes of Physical Sciences	77	285486	56783
沈阳应用生态研究所 Shenyang Inst. of Applied Ecology	40	250052	26332
金属研究所 Inst. of Metals Research	228	240674	33720
山西煤炭化学研究所 Shanxi Inst. of Coal Chemistry	42	237215	20207
近代物理研究所 Inst. of Modern Physics	28	231057	39286
自动化研究所 Inst. of Automation	72	208423	21658
海洋研究所 Inst. of Oceanology	58	195338	11031
理化技术研究所 Technical Inst. of Physics and Chemistry	23	192558	31149

续表 10-4

单位名称 Names of institutes	项目数(项) Number of projects (item)	销售收入(万元) Sales income (ten thousand yuan)	利税总额(万元) Total profits and taxes (ten thousand yuan)
上海有机化学研究所 Shanghai Inst. of Organic Chemistry	82	188730	27716
成都生物研究所 Chengdu Inst. of Biology	70	169803	31109
福建物质结构研究所 Fujian Inst. of Research on the Structure of Matter	12	149100	40220
中国科学技术大学 University of Science and Technology of China	135	127188	23724
计算技术研究所 Inst. of Computing Technology	66	125014	8598
沈阳计算技术研究所有限公司 CAS Shenyang Computing Technology Co., Ltd.	61	119173	5105

十一、国际合作及与港、澳、台地区交流

INTERNATIONAL COOPERATION PLUS EXCHANGES WITH HONG KONG, MACAO AND TAIWAN REGIONS

11-1 国际合作及与港、澳、台地区交流情况

International Cooperation plus Exchanges with Hong Kong, Macao and Taiwan Regions

单位: 人次 (person・time)

年 份 Year	派 出 CAS staff sent overseas	邀 请 Visitors hosted by CAS	年 份 Year	派 出 CAS staff sent overseas	邀 请 Visitors hosted by CAS
1950	16		1986	1310	3770
1951	11		1987	2216	2558
1952	5		1988	3344	3518
1953	53		1989	4077	2097
1954	45	3	1990	4456	2184
1955	84	84	1991	4459	2544
1956	226	204	1992	4164	2425
1957	133	248	1993	4378	2719
1958	159	345	1994	4319	1835
1959	103	302	1995	4484	2554
1960	119	192	1996	5432	2018
1961	75	27	1997	5247	2990
			1998	5035	2861
1976	147	200	1999	7237	2895
1977	217	322	2000	6622	2929
1978	587	571	2001	7304	8576
1979	784	1074	2002	8460	7987
1980	950	1760	2003	7370	6730
1981	1119	1211	2004	7638	11646
1982	1322	992	2005	8153	13421
1983	1222	1798	2006	8922	17481
1984	1827	1845	2007	10058	17209
1985	1713	3197	2008	8638	16480

注: 2002 年的邀请统计中包含了顺访外宾人次。

Note: The statistics of invited visitors in 2002 include the number of short visits.

11-2 国际合作及与港、澳、台地区交流邀请项目按类型分类(2008 年)

Statistics of Visitors Hosted by CAS, by Type of Exchange: 2008

单位: 人次 (person · time)

国家与地区 Country and region	按交流形式分类统计 By type of exchange						
	小 计 Subtotal	考察访问 Academic visit	合作研究 Joint research	国际会议 International conference	培 训 Training	科技展览 S&T exhibition	其 他 Others
合 计 Total	**16480**	**5699**	**3664**	**6550**	**138**	**4**	**425**
亚洲 Asia	4417	1330	537	2408	48	4	90
阿曼 Oman	5		4	1			
巴基斯坦 Pakistan	55	19	14	17	4		1
不丹 Bhutan	4			4			
朝鲜 PDRK	47	40		5	2		
菲律宾 Philippines	22	1	2	15	4		
巴勒斯坦 Palestine	12			12			
韩国 Korea	952	197	91	656			8
柬埔寨 Cambodia	1			1			
老挝 Laos	2		2				
吉尔吉斯斯坦 Kyrgyzstan	20		6	14			
孟加拉国 Bangladesh	21		2	17	2		
马来西亚 Malaysia	68	7	12	46			3

国家与地区 Country and region	按交流形式分类统计 By type of exchange						
	小 计 Subtotal	考察访问 Academic visit	合作研究 Joint research	国际会议 International conference	培 训 Training	科技展览 S&T exhibition	其 他 Others
科威特 Kuwait	2			2			
尼泊尔 Nepal	23	3	3	17			
日本 Japan	1882	501	315	996	6	4	60
沙特阿拉伯 Saudi Arabia	16	13		3			
斯里兰卡 Sri Lanka	6	1		5			
泰国 Thailand	374	256	6	108	4		
土耳其 Turkey	24	2	2	20			
乌兹别克斯坦 Uzbekistan	26		4	22			
新加坡 Singapore	172	91	14	54	3		10
叙利亚 Syria	2			2			
以色列 Israel	79	29	6	44			
印度尼西亚 Indonesia	32		4	24	4		
约旦 Jordan	3		1	2			
越南 Vietnam	89	67	1	18	3		
伊朗 Iran	88	10	3	70			5
哈萨克斯坦 Kazakhstan	13		6	7			
印度 India	298	55	36	196	8		3

国家与地区 Country and region	按交流形式分类统计 By type of exchange						
	小 计 Subtotal	考察访问 Academic visit	合作研究 Joint research	国际会议 International conference	培 训 Training	科技展览 S&T exhibition	其 他 Others
蒙古 Mongolia	37	18	1	11	7		
阿塞拜疆 Azerbaijan	1			1			
亚洲其他国家 Others in Asia	19	19					
阿富汗 Afghanistan	3			3			
阿拉伯联合酋长国 The United Arab Emirates	4		2	2			
格鲁吉亚 Georgia	2			2			
卡塔尔 Qatar	1			1			
塔吉克斯坦 Tadzhikistan	7			7			
文莱 Negara Brunei Darussalam	2			2			
缅甸 Myanmar	2	1		1			
也门共和国 Yemen	1				1		
欧洲 Europe	5461	2018	1400	1897	51		95
爱尔兰 Ireland	15	5	1	7			2
奥地利 Austria	39	12	14	12	1		
俄罗斯 Russia	668	195	195	261	9		8
白俄罗斯 White Russia	22	16	6				
保加利亚 Bulgaria	11	2	5	4			

续表 11-2

国家与地区 Country and region	按交流形式分类统计 By type of exchange						
	小计 Subtotal	考察访问 Academic visit	合作研究 Joint research	国际会议 International conference	培训 Training	科技展览 S&T exhibition	其他 Others
比利时 Belgium	75	21	32	22			
冰岛 Iceland	1			1			
波兰 Poland	42	21	4	17			
丹麦 Denmark	151	84	4	59			4
德国 Germany	1312	443	385	430	24		30
法国 France	905	377	286	209	6		27
芬兰 Finland	79	33	25	21			
荷兰 Netherlands	253	58	74	118	1		2
捷克 Czech	27	12	9	5			1
克罗地亚 Croatia	3		2	1			
立陶宛 Lithuania	5	1		4			
罗马尼亚 Romania	17	8	2	7			
挪威 Norway	86	11	26	48			1
葡萄牙 Portugal	13	5	1	7			
瑞典 Sweden	126	46	27	46	4		3
瑞士 Switzerland	171	78	59	33			1
斯洛伐克 Slovak	12	3	4	5			

国家与地区 Country and region	按交流形式分类统计 By type of exchange						
	小 计 Subtotal	考察访问 Academic visit	合作研究 Joint research	国际会议 International conference	培 训 Training	科技展览 S&T exhibition	其 他 Others
斯洛文尼亚 Slovenlia	7		4	2			1
乌克兰 Ukraine	34	6	25	3			
西班牙 Spain	88	39	15	34			
希腊 Greece	12		2	9	1		
意大利 Italy	241	132	34	71	1		3
匈牙利 Hungary	13	6	4	3			
英国 England	1022	398	155	453	4		12
欧盟 European Union	11	6		5			
非洲 Africa	134	23	25	68	13		5
阿尔及利亚 Algeria	2			2			
埃及 Egypt	34	9	12	8	1		4
埃塞俄比亚 Ethiopia	5	5					
加纳 Ghana	6	3	1	2			
肯尼亚 Kenya	3			3			
尼日利亚 Nigeria	28	1	4	19	3		1
塞内加尔 Senegal	1			1			
坦桑尼亚 Tanzania	9		1	4	4		

国家与地区 Country and region	按交流形式分类统计 By type of exchange						
	小 计 Subtotal	考察访问 Academic visit	合作研究 Joint research	国际会议 International conference	培 训 Training	科技展览 S&T exhibition	其 他 Others
中非 Central African	2			2			
南非 South Africa	16		5	11			
苏丹 Sudan	7		1	6			
突尼斯 Tunisia	3	1		2			
乌干达 Uganda	2			2			
摩洛哥 Morocco	4		1	3			
喀麦隆 Cameroon	3	1		1	1		
毛里求斯 Mauritius	7	3			4		
几内亚(比绍) Guinea-Bissau	2			2			
南美洲 South America	105	28	7	68	2		
阿根廷 Argentina	20	7		13			
牙买加 Jamaica	1			1			
巴西 Brazil	33	8	2	23			
厄瓜多尔 Ecuador	2			2			
哥斯达黎加 Costarica	1	1					
古巴 Cuba	18	11	4	2	1		
秘鲁 Peru	1	1					

国家与地区 Country and region	按交流形式分类统计 By type of exchange						
	小 计 Subtotal	考察访问 Academic visit	合作研究 Joint research	国际会议 International conference	培 训 Training	科技展览 S&T exhibition	其 他 Others
玻利维亚 Bolivia	2			2			
哥伦比亚 Colombia	6			6			
委内瑞拉 Venezuela	10			9	1		
智利 Chile	11		1	10			
北美洲 North America	4456	1764	1001	1566	15		110
加拿大 Canada	370	108	74	181			7
美国 America	4068	1648	927	1375	15		103
墨西哥 Mexico	18	8		10			
大洋洲 Oceania	542	174	143	209	5		11
澳大利亚 Australia	452	153	125	162	2		10
巴布亚新几内亚 Papua New Guinea	4	4					
新西兰 New Zealand	86	17	18	47	3		1
港澳台地区 Hong Kong, Macao and Taiwan Regions	1336	361	543	314	4		114
澳门 Macao	7	5		1	1		
香港 Hongkong	645	318	159	155			13
台湾 Taiwan	684	38	384	158	3		101
联合国及所属机构和其他国际组织 others in UN system	29	1	8	20			

11-3 国际合作及与港、澳、台地区交流派出项目按类型分类(2008 年)

Statistics of CAS Staff Sent Overseas, by Type of Exchange: 2008

单位: 人次

(person · time)

国家与地区 Country and region	按交流形式分类统计 By type of exchange						
	小 计 Subtotal	考察访问 Academic visit	合作研究 Joint research	国际会议 International conference	培 训 Training	科技展览 S&T exhibition	其 他 Others
总 计 Total	**8683**	**718**	**1509**	**4434**	**152**	**74**	**1796**
亚洲 Asia	2304	159	364	1325	24	14	418
阿曼 Oman	1			1			
卡塔尔 Qatar	2			2			
柬埔寨 Cambodia	19	9		7			3
斯里兰卡 Sri Lanka	12	1		11			
科威特 Kuwait	3			1			2
印度 India	109	4	4	85		2	14
印度尼西亚 Indonesia	14		3	8			3
伊朗 Iran	8			2			6
以色列 Israel	6	1	1	4			
日本 Japan	1109	84	273	517	17	12	206
约旦 Jordan	7			2			5

国家与地区 Country and region	按交流形式分类统计 By type of exchange						
	小 计 Subtotal	考察访问 Academic visit	合作研究 Joint research	国际会议 International conference	培 训 Training	科技展览 S&T exhibition	其 他 Others
朝鲜 PDRK	2						2
韩国 Korea	558	23	24	447	7		57
老挝 Laos	16	3	4	3			6
马来西亚 Malaysia	40		1	31			8
蒙古 Mongolia	38	2	13	23			
尼泊尔 Nepal	21	1	1	14			5
巴基斯坦 Pakistan	6		4	2			
菲律宾 Philippines	19		2	11			6
沙特阿拉伯 Saudi Arabia	3		1	1			1
新加坡 Singapore	139	7	26	63			43
越南 Vietnam	46	10	4	29			3
泰国 Tailand	70	4	1	43			22
阿拉伯联合酋长国 United Arab Emirates	9			2			7
土耳其 Turkey	17	3		9			5
塔吉克斯坦 Tajikistan	1			1			

国家与地区 Country and region	按交流形式分类统计 By type of exchange						
	小 计 Subtotal	考察访问 Academic visit	合作研究 Joint research	国际会议 International conference	培 训 Training	科技展览 S&T exhibition	其 他 Others
哈萨克斯坦 Kazakhstan	23	7		3			13
吉尔吉斯斯坦 Kyrgyzstan	6		2	3			1
非洲 Africa	151	9	32	74		2	34
利比亚 Libya	7						7
肯尼亚 Kenya	5	5					
南非 S.Africa	35	1	5	19			10
突尼斯 Tunisia	24			20			4
埃及 Egypt	58		20	29		2	7
乌干达 Uganda	1			1			
科特迪瓦 cote d'Ivoire	3	3					
莫桑比克 Mozambique	5			1			4
纳米比亚 Namibia	3		2	1			
塞内加尔 Senegal	3			3			
布隆迪 Burundi	5		5				
阿尔及利亚 Algeria	2						2
欧洲 Europe	2922	208	670	1359	96	7	582

续表 11-3

国家与地区 Country and region	按交流形式分类统计 By type of exchange						
	小 计 Subtotal	考察访问 Academic visit	合作研究 Joint research	国际会议 International conference	培 训 Training	科技展览 S&T exhibition	其 他 Others
奥地利 Austria	84		5	50	2		27
比利时 Belgium	53	9	6	31	1		6
保加利亚 Bulgaria	7	2	3	2			
白俄罗斯 White Russia	7	3	3	1			
丹麦 Denmark	23	1	3	14	2		3
芬兰 Finland	31	3	10	14			4
法国 France	501	34	105	237	21	1	103
希腊 Greece	70		8	53			9
匈牙利 Hungary	26	1		20			5
冰岛 Iceland	4	2		2			
爱尔兰 Ireland	25	2	1	18			4
意大利 Italy	204	3	31	132	12	3	23
荷兰 Netherlands	81	6	20	41			14
挪威 Norway	69	11	14	37	1		6
波兰 Poland	41	1	4	31			5
葡萄牙 Portugal	12		2	7			3

国家与地区 Country and region	按交流形式分类统计 By type of exchange						
	小 计 Subtotal	考察访问 Academic visit	合作研究 Joint research	国际会议 International conference	培 训 Training	科技展览 S&T exhibition	其 他 Others
罗马尼亚 Roumania	3			2			1
西班牙 Spain	67	5	2	56			4
瑞典 Sweden	65	2	23	34			6
瑞士 Switzerland	143	2	24	64	3		50
乌克兰 Ukraine	47		24	18			5
英国 England	328	41	64	150	7	1	65
俄罗斯 Russia	293	25	138	69	11	2	48
克罗地亚 Croatia	2		2				
斯洛文尼亚 Slovenia	12		6	3			3
捷克 Czech	36	6	12	17			1
斯洛伐克 Slovak	4			3			1
德国 Germany	681	49	160	250	36		186
立陶宛 Lithuania	1			1			
马耳他 Malta	2			2			
北美洲 North America	1903	130	291	1124	22	16	320
加拿大 Canada	295	19	49	183	1		43

国家与地区 Country and region	按交流形式分类统计 By type of exchange						
	小 计 Subtotal	考察访问 Academic visit	合作研究 Joint research	国际会议 International conference	培 训 Training	科技展览 S&T exhibition	其 他 Others
墨西哥 Mexico	64	5		41			18
开曼群岛 Cayman Islands	1			1			
特立尼达和多巴哥 Trinidad and Tobago	2			2			
美国 America	1541	106	242	897	21	16	259
南美洲 South America	99	28	8	47	1	5	10
阿根廷 Argentina	8	4	3	1			
巴西 Brazil	45	8	1	24	1	5	6
智利 Chile	10	3	2	4			1
秘鲁 Peru	10	3	1	4			2
厄尔多尔 Ecuador	3	2		1			
古巴 Cuba	6		1	4			1
波多黎各 Puerto Rico	6	6					
哥伦比亚 Colombia	1			1			
乌拉圭 Uruguay	5			5			
南乔治亚岛和南桑德韦奇岛 South Georgia and the south sandwich Islands	2	2					
苏里南 Suriname	3			3			

国家与地区 Country and region	按交流形式分类统计 By type of exchange						
	小 计 Subtotal	考察访问 Academic visit	合作研究 Joint research	国际会议 International conference	培 训 Training	科技展览 S&T exhibition	其 他 Others
大洋洲 Oceania	405	50	76	228	1		50
澳大利亚 Ausralia	365	49	72	198	1		45
新西兰 New Zealand	33	1	4	27			1
新喀里多尼亚 New Caledonia	7			3			4
港、澳、台地区 Hong Kong, Macao and Taiwan regions	892	128	68	277	8	30	381
香港 Hong Kong	401	60	36	187	6	7	105
澳门 Macao	46	4	17	12	2		11
台湾 Taiwan	445	64	15	78		23	265
北极洲 North Pole Continent	6	5					1
北极 North Pole	6	5					1
南极洲 South Pole Continent	1	1					
南极 South Pole	1	1					

11-4 在国际组织任职人员情况 (2008.12)

Statistics of CAS Professionals Holding Posts in Various International Organizations: (December, 2008)

	人数 Person		人数 Person
一、在国际组织任职人员分布情况 International organizations in which CAS professionals hold posts	603	国际催化学会联盟 International Association of Catalysis Societies (IACS)	1
发展中国家科学院 The Academy of Sciences for the Developing World (TWAS)	137	国际动物学会 The International Society of Zoological Sciences (ISZS)	2
国际天文学联盟 International Astronomical Union (IAU)	5	亚洲科学院协会 Association of Academies of Sciences in Asia (AASA)	1
国际山地综合开发中心 International Center for Integrated Mountain Development (ICIMOD)	5	国际心理学联合会 International Union of Psychological Science (IUPsyS)	3
联合国教科文组织 United Nations Educational, Scientific and Cultural Organization (UNESCO)	4	其他国际组织 Other international organizations	410
国际自然与自然资源保护联盟 International Union for Conservation of Natural Resources (IUCN)	12	二、其中在国际组织担任重要职务情况 Of which, major posts held by CAS professionals	171
国际纯粹与应用化学联盟 International Union of Pure and Applied Chemistry (IUPAC)	5	主席 President	48
国际纯粹与应用物理学联盟 International Union of Pure and Applied Physics (IUPAP)	6	副主席 Vice President	33
国际地圈生物圈计划 The International Geosphere Biosphere Program (IGBP)	4	常务理事 Executive Council Member	74
国际科学理事会 International Council for Science(ICS)	3	国家代表 National Representative	9
国际第四纪研究联盟 International Union for Quaternary Research (INQUA)	3	秘书长 Secretary-General	7
国际科学院委员会 Interacademy Council, IAC	1	三、在国际组织任职人员中的院士人数 Number of CAS and CAE members who hold international organization posts	133
国际科学院组织 Interacademy Panel on International Issues (IAP)	1		

十二、文献情报、图书出版

DOCUMENTATION, INFORMATION AND PUBLICATION

12-1 文献情报系统馆藏文献情况

Statistics of Documentation Collected by CAS Documentation and Information System

单位: 万册 (ten thousand volumes)

年份 Year	文献收藏总量 Total collection	其中: 国家科学图书馆总分馆藏书量 Of which: Total books collected by NSL & 3 Branches	图书 Books 合计 Total	图书 Books 中文 Chinese	图书 Books 外文 Foreign languages	期刊 Periodicals 合计 Total	期刊 Periodicals 中文 Chinese	期刊 Periodicals 外文 Foreign languages	其他文献 Others
1950	63	34	51			12	6	6	
1955	272	118	182	115	67	88	26	62	2
1959	813	413	484	347	137	314	81	233	15
1965	1542	849	851	608	243	664	221	433	27
1978	867	692	367	184	183	193	102	91	307
1981	1753	876	668	354	314	679	190	489	406
1985	2104	962	600	312	288	1089	352	737	415
1988	2935	1240	679	359	320	1809	367	1442	447
1990	2565	1033	836	402	434	1729	357	1372	530
1991	3306	1269	810	392	418	1834	396	1438	662
1992	3032	1446	821	402	419	1553	353	1200	658
1993	3006	1450	786	409	377	1563	364	1199	657
1994	3032	1224	791	456	335	1592	368	1224	649
1995	3632	1232	768	394	374	2236	533	1703	628
1996	3700	1248	764	405	359	2316	549	1767	620
1997	3673	1271	681	339	342	2366	567	1799	626
1998	3606	1345	586	282	304	2295	540	1754	726
1999	4150	1358	629	322	307	2180	564	1616	1342
2000	3807	1365	782	450	332	2183	555	1627	843
2001	3624	1377	741	431	311	2037	538	1499	846
2002	3284	1105	678	416	263	1739	522	1216	868
2003	3194	1432	691	390	301	1713	551	1162	790
2004	3432	1667	711	402	309	1897	556	1341	824
2005	3311	1714	692	394	298	1894	566	1328	725
2006	3327	1369	663	375	288	1943	617	1326	721
2007	3341	1527	681	393	288	1790	525	1265	870
2008	3322	1524	642	375	267	1733	514	1219	947

注：1. 中国科学院国家科学图书馆(筹)。

Note: National Science Library, Chinese Academy of Sciences.

2. 中国科学院文献情报系统包括中国科学院国家科学图书馆总馆、分馆和研究所文献情报机构。
CAS documentation and information system includes NSL, 3 Branches and documentation and information services in the institutes of CAS.

12-2　数字文献资源建设(2008 年)
Digital Documentation Resource: 2008

	开通数据库(种) Accessible Data Bank (title)		全文期刊(种) Full-text Periodicals(title)		自建数据库(种) Independent Data Bank(title)	
	二次文献数据库 Secondary document bank	全文数据库 Full-text data bank	外文 Foreign languages	中文 Chinese	文献库 Document bank	非文献库 Non-document bank
总　计 Total	**28**	**106**	**9754**	**9061**	**25**	**7**
其中：国家科学图书馆总分馆 Of which: Collected by NSL and 3 Branches	27	95	9668	8813	25	7

12-3　文献情报系统馆藏图书、期刊情况(2008 年)
Statistics of Books and Periodicals Collected by CAS Documentation and Information System: 2008

单位: 万册　　(ten thousand volumes)

	合　计 Total	中　文 Chinese	西　文 Western languages	日　文 Japanese	俄　文 Russian	其　他 Other languages
图书总册数 Total number of books	**642**	**375**	**178**	**24**	**61**	**4**
其中: 国家科学图书馆总分馆 Of which: Collected by NSL and 3 Branches	162	74	49	12	26	1
期刊总册数 Total items of periodicals	**1733**	**514**	**952**	**138**	**127**	**2**
其中:国家科学图书馆总分馆 Of which: Collected by NSL and 3 Branches	818	280	395	80	62	1

12-4 文献情报系统馆藏其他文献情况(2008年)

Statistics of Other Documents Collected by CAS Documentation and Information System: 2008

	古籍(册) Ancient books (volume)	学位论文(篇) Theses (article)	会议录(册) Proceedings (volume)	专利文献(件) Patents (item)	照片图纸(张) Photos and blueprints(frame)	科技报告(篇) S&T reports (article)
总计 Total	**719553**	**686194**	**213480**	**2374038**	**1906542**	**381439**
其中：国家科学图书馆总分馆 Of which: Collected by NSL and 3 Branches	477079	512183	181473	2355956	2010	244981

	成果资料(件) Achievement documents (item)	标准文献(件) Standard documents (item)	音像制品(盒) Audio-visual documents (box)	缩微制品(盒) Microforms (box)	其他(件) Others (item)
总计 Total	**64508**	**35417**	**19196**	**12299109**	**245459**
其中：国家科学图书馆总分馆 Of which: Collected by NSL and 3 Branches		19148	10543	1217008	

12-5 文献情报系统情报服务情况(2008年)

Documentation Services Provided by CAS Documentation and Information System: 2008

	文献流通(册·次) Documents circulated (volume·time)	馆际互借(册·次) Inter-library loans (volume·time)	全文传递(篇) Document delivery (article)	全文库下载量(篇) Full-text download (article)	网络服务(点击次数) Services of a network (time)	国际交换(册) International document exchange (volume)	文献复制(页) Document reproduction (page)	到所培训/读者培训(次) On-site /User training (time)
总计 Total	**3110661**	**20567**	**212048**	**22199397**	**4438337**	**25323**	**1523668**	**2064**
其中：国家科学图书馆总分馆 Of which: Collected by NSL and 3 Branches	1257966	4548	118200	22199397	4438337	3924	730207	2064

12-6 文献情报系统情报加工与服务情况(2008年)

Information Processing and Services Provided by CAS Documentation and Information System: 2008

	情报服务 Information services			二次文献加工 Secondary information processing		情报调研报告(篇) Information analysis reports (article)
	专题咨询(次) Special subject consultation (time)	文献检索(条) Documentation retrieval (item)	科技查新(项) Novelty-searching (item)	文摘(条) Abstracts (item)	数据库数据加工(条) Data processing (item)	
总计 Total	**28402**	**29949**	**4257**	**4231246**	**4629161**	**195**
其中：国家科学图书馆总分馆 Of which: Collected by NSL & 3 Branches	21585	21350	1355	4173190	4329780	106

12-7 图书

Classification of

年 份 Year	合 计 Total		科学出版社 Science Press		
	初版(种) First edition (title)	重版(种) Republication (title)	初版书 First edition		
			种 (title)	万字 (ten thousand Chinese characters)	万册 (ten thousand volumes)
总 计 Total	**36776**	**31287**	**34507**	**1285220**	**32882**
1950~1954	238		238	3157	106
1955~1965	3301	1557	3301	71427	1396
1966~1970	172	126	172	4834	188
1971~1977	892	177	892	21508	3981
1978~1985	3140	748	3140	89744	5867
1986~1990	2707	479	2480	76280	1758
1991	483	176	396	14624	289
1992	541	136	465	15680	599
1993	618	113	465	17125	399
1994	678	209	608	22448	441
1995	605	247	505	20309	542
1996	653	318	534	17799	466
1997	610	540	515	17495	509
1998	868	822	791	27370	827
1999	1168	918	1068	66681	1088
2000	1283	1211	1180	54273	1209
2001	1335	1549	1215	56990	948
2002	1519	1827	1377	59359	1711
2003	2149	2605	1982	75112	2056
2004	2982	3175	2877	111849	2589
2005	2602	3678	2500	99628	1517
2006	2490	3295	2344	97995	1596
2007	2559	3895	2447	111446	1331
2008	3183	3486	3015	132087	1469

出版情况
Books Published

		中国科学技术大学出版社 University of Science and Technology of China Press				
重版书 Republication		初版书 First edition			重版书 Republication	
种 (title)	万册 (ten thousand volumes)	种 (title)	万字 (ten thousand Chinese characters)	万册 (ten thousand volumes)	种 (title)	万册 (ten thousand volumes)
30178	**44469**	**2269**	**87050**	**1958**	**1109**	**893**
1557	452					
126	26					
177	1547					
748	2483					
436	365	227	7130	256	43	78
133	129	87	2659	60	43	100
109	271	76	2822	51	27	32
85	65	153	4597	653	28	25
137	149	70	2586	44	72	70
167	376	100	3651	78	80	94
270	493	119	4550	100	48	60
481	1089	95	4244	68	59	78
783	1100	77	3185	44	39	36
902	1200	100	4622	53	16	11
1169	1259	103	4043	41	42	20
1471	2787	120	4804	50	78	35
1755	3910	142	5434	75	72	36
2546	4663	167	6869	88	59	39
3124	4844	105	4460	48	51	23
3614	4198	102	4401	79	64	38
3213	4252	146	5700	66	82	33
3785	4333	112	4742	41	110	44
3390	4478	168	6551	63	96	41

12-8 图书出版情况(2008 年)
Classification of Books Published: 2008

单位：种数 (title)

学科及书类 Field and type	合 计 Subtotal	科学出版社 Science Press	中国科学技术大学出版社 University of Science and Technology of China Press
总 计 **Total**	**6669**	**6405**	**264**
一、按学科分 By field			
数学、力学 Mathematics & mechanics	571	526	45
物理 Physics	150	135	15
化学 Chemistry	212	204	8
天文学 Astronomy	1		1
地学 Earth sciences	164	163	1
生物学 Biological sciences	356	341	15
技术科学 Technological sciences	1408	1338	70
综合类 Comprehensive	3807	3698	109
二、按书类分 By type			
专著 Monographs	1013	985	28
基础理论 Basic theory	266	265	1
论文集 Collected works	73	65	8
应用技术 Applied technology	434	360	74
基本资料 Basic information	82	81	1
工具书 Reference books	35	30	5
科普 Popular science	159	158	1
综述评论 Reviews	21	21	
其他 Others	4586	4440	146

12-9 自然科学期刊分类情况(2008 年)
Classification of Periodicals in Natural Sciences: 2008

单位：种数 (title)

	总 计 Total	学 术 Academic journals	技 术 Technological journals	检 索 Retrieval journals	科 普 Popular science	指 导 Instructional journals
一、期刊总数 Total number of periodicals	320	260	23	5	23	9
二、刊期 Frequency						
周刊 Weekly						
半月刊 Semimonthly	11	4	1		3	3
月刊 Monthly	110	85	10	1	13	1
一个半月刊 Semiquarterly	1	1				
双月刊 Bimonthly	130	113	9	2	4	2
季刊 Quarterly	66	55	3	2	3	3
半年刊 Semiannually	2	2				
三、学科 Field						
综合 Comprehensive	31	19			5	7
数学 Mathematics	18	16	1	1		
力学 Mechanics	8	7		1		

续表 12-9

	总计 Total	学术 Academic journals	技术 Technological journals	检索 Retrieval journals	科普 Popular science	指导 Instructional journals
物理学 Physics	30	25	4		1	
化学 Chemistry	25	24	1			
天文学 Astronomy	9	7	1		1	
地学 Earth sciences	53	49		1	3	
生物学 Biological sciences	52	46		1	5	
农学 Agriculture sciences	6	5	1			
环境科学 Environmental sciences	18	17	1			
技术科学 Technological sciences	61	41	12	1	7	
其他 Others	9	4	2		1	2

注：其中英文版期刊 65 种。

Note: There are 65 journals published in English.

(G—1798.0101)

ISBN 978-7-03-025893-9

9 787030 258939 >